German Neundorfer (Hg.)

Es gibt so wunderweiße Nächte

German Neundorfer (Hg.)

Es gibt so Wunderweisse Nächte

WEIHNACHTSERINNERUNGEN

Kaufmann Verlag

German Neundorfer lebt und arbeitet als freier Lektor und Publizist in Freiburg i. Br. Er ist Herausgeber zahlreicher Anthologien.

Bibliografische Information der Deutschen Bibliothek
Die Deutsche Bibliothek verzeichnet diese Publikation in der Deutschen Nationalbibliografie; detaillierte bibliografische Daten sind im Internet über http://dnb.ddb.de abrufbar.

1. Auflage 2016
© 2016 Verlag Ernst Kaufmann, Lahr

Coverabbildung: © Marina – Fotolia.com
Druck und Bindung: CPI books, Ulm

ISBN 978-3-7806-3184-8

$\mathcal{I}$NHALT

VOM WONNESCHAUER DES
WEIHNACHTSABENDS

*J*N *S*CHACHTELWÄNDEN *S*Ü*SS*IGKEITEN

*W*EIHNACHTEN IN DER *F*ERNE

LANGSAM DER WEIHNACHT ENTGEGEN

IMMER EIN
LICHTLEIN MEHR

Immer ein Lichtlein mehr
im Kranz, den wir gewunden,
dass er leuchte uns so sehr
durch die dunklen Stunden.

Zwei und drei und dann vier!
Rund um den Kranz welch ein Schimmer,
und so leuchten auch wir,
und so leuchtet das Zimmer.

Und so leuchtet die Welt
langsam der Weihnacht entgegen.
Und der in Händen sie hält,
weiß um den Segen!

Matthias Claudius
(geb. 1740 in Reinfeld – gest. 1815 in Hamburg)
Der Schriftsteller und Journalist wurde als Redakteur der Zeitschrift „Der Wandsbecker Bothe" bekannt. Von ihm stammt
u. a. der Text eines der schönsten Kinderlieder: „Der Mond ist
aufgegangen".

DAS FEST DES KINDES

Soweit Aufzeichnungen und Erinnerungen zurück-
reichen, haben Menschen und Völker ihre heiligen
Feste gehabt, an denen sie ihre Seelen in nähere Beziehung zu den Wesen setzten, die sie über sich glaub-
ten, als Herren ihres Schicksals, mit großer, oft un-
begrenzter Macht ausgerüstet, mit Gaben versehen,
die unbegreiflich sind, und den Willen hegend, auf
die Menschen mannigfach einzuwirken, sie mochten
nun diese Wesen Götter oder Selige oder Himmli-
sche oder wie immer heißen. Und ein Schein und ein
Schimmer war gewiss zu allen Zeiten für sinnige Ge-
müter durch Herz und Natur bei diesen Festen ausgegossen, wenn auch nicht alle, ja vielleicht die we-
nigsten Ursprung, Zweck, Bedeutung und Inhalt der
Feste erkannten und wenn sie vielmehr ihre eigenen
frommen oder dichterischen oder einbildungsvollen
Gedanken mit dem Feste verbanden. Und als das
Licht des reineren Glaubens in die Welt gekommen
war, haben die Feste nicht aufgehört; sie sind heili-
ger geworden, und ein Schein und ein Schimmer ist
durch Herz und Natur bei ihnen ausgegossen, wenn
die Menschen sich mit ihren Ahnungen in das Wesen
des Festes versenken und wenn sie kleine Verzierun-
gen und kleine Zutaten je nach den Wallungen und
Pulsschlägen ihres Lebens beifügen.
Und ganze Abschnitte des Jahres bezeichnen solche
Feste, und wie Lichtsäulen stehen sie auf den Zinnen
der Zeit.

Das Christentum hat mehrere seelenerhebende Feste. Und ist Pfingsten das „liebliche" Fest und ist Ostern das erhabene, so ist Weihnacht das herzinnige. Es ist das Fest des Kindes, des ewigen, des heiligsten, des allmächtigen, des liebreichsten Kindes, des Königes der Kinder.

In einer Nacht ist dieses Kind auf einer ärmlichen Stelle geboren worden und hat die Gestalt des Menschen angenommen, und diese Nacht wird jetzt von einer ganzen Welt gefeiert und heißt die Weihnacht, die Nacht der Weihe, die von nun ab über die Völker ausgebreitet worden ist.

Und wie in jener Zeit, ehe das Kind geboren worden ist, die Welt auf den Erlöser harrte, der die finstern Übel, die da brüteten, hinwegnehmen sollte, und wie uns gesagt wird, dass die Menschen gerufen haben: „Himmel, tauet ihn herab", was in der römischen Sprache *rorate* hieß, so bereitet sich die Kirche durch ein monatlanges Fest, das Ankunftsfest, Advent, zu dem Geburtsfeste des Kindes vor, und der Priester der katholischen Kirche hält Messopfer, die Rorate heißen und die bis zu dem ersehnten Tage dauern.

Und in welche Zeit des Jahres fällt das Fest! Wenn zu Pfingsten alles grünt und duftet, wenn zu Ostern Feld und Garten und Wald sich zu dem holden Lenze rüstet, so ist die Weihnacht zu der Zeit des kürzesten Tages und der längsten Nacht. Und dennoch, wie ahnungsreich und herzerfüllend ist die Zeit. Wenn der tiefe, weiße, makellose Schnee die Gefilde weithin bedecket und an heitern Tagen die Sonne ihn mit Glanz überhüllet, dass er allwärts funkelt, wenn die Bäume des Gartens die weißen Zweige zu dem blauen Himmel strecken und wenn die Bäume des Waldes, die edlen Tannen, ihre Fächer mit Schnee belastet tragen, als hätte das Christkindlein schon lauter Christbäume gesetzt, die in Zucker und Edelsteinen flimmern, so schlägt das Gemüt der Feier entgegen, die da kommen soll. Und selbst wenn düstre, dicke Nebel die Gegend decken oder in schneeloser Zeit die Winde aus warmen Ländern bleigraue Wolken herbeijagen, die Regen und Stürme bringen, und wenn die Sonne tief unten, als wäre sie von uns weg zu glücklicheren Ländern gegangen, nur zuweilen matt durch den Schleier hervorblickt, so würden fromme Kinder den Glanz durch den Nebel oder durch die bleigrauen Wolken ziehen sehen, wie das Christkindlein durch sie hinschwebt, wenn sie nur eben zu der Zeit hinaussähen, da das Christkindlein vorüberschwebt; denn das Christkindlein rüstet sich auch schon lange Zeit zu seinem Geburtsfeste, um den Kindern zu rechter Zeit ihre Gaben zu bescheren.

Unsere Großmutter hat uns Kindern oft davon gesagt. Sie hatte viele Sprüche, die unser Gemüt erfüllten und mit einer Art Gewalt überschütteten. „Sehet, Kinder", sagte sie einmal, „so groß ist die Seligkeit im Himmel, dass, wenn von dem himmlischen Garten nur ein Laubblättlein auf die Erde herabfiele, die ganze Welt vor Süßigkeit vergehen müsste." Und ein anderes Mal sagte sie zu mir: „Knäblein, so lange ist die Ewigkeit, dass, wenn die Weltkugel von lauter Stahl und Eisen wäre und alle tausend Jahre ein Mücklein käme und einmal ein Füßlein auf der Kugel

wetzte, die Zeit, in welcher das Mücklein die ganze
Kugel zu nichts zerwetzt hätte, ein Augenblick gegen
die Ewigkeit wäre." Sie sagte, der Loritzbauer aus
dem vordern Glöckelberge habe einmal den Glanz
des Christkindleins gesehen, da er noch ein Knabe
war. Gegen die Mitternachtsseite des Himmels erhob
sich in der Andreasnacht ein Schein, und es war dann
ein Bogen wie eine Brücke über dem Himmel, dass
das Knäblein darüberziehe, und die Brücke wurde
mit Schimmerbüschlein geziert, und als das Kindlein vorüber war, erloschen die Schimmerbüschlein,
und es erblasste die Brücke, und es war nur noch
ein Schein in den Gegenden, durch welche das Kind
gezogen war. Und der Richter in dem hinteren Glöckelberge hat als kleiner Knabe einmal das Christkind auf einem kleinen funkelnden Wagen am Abende schnell durch den Himmel fahren gesehen. Und
manche Kinder haben schon den Schein und Glanz
erblickt, und wir könnten ihn auch vielleicht noch
sehen, wenn wir gut und fromm sind und oft auf den
Himmel schauen.
Ich habe aber den Glanz nie erblickt. Da ich zwanzig
Jahre alt war und an den Schimmer des in den Ad-
ventsnächten durch den Himmel ziehenden Christ-
kindes nicht mehr glaubte und eine Zeit in einem
schweren Fieber lag, das mir wälzende Ballen, sich
unsäglich weit aufwickelnde Kugeln und klirrende
und schmetternde Töne brachte, sah ich auch zum
öfteren Male den Schein des Christkindleins, es fuhr
in wundervoll buntem glänzenden Gefieder durch
den Himmel; ich sah seine Gestalt, ich sah sein An-

gesicht, und es lächelte mich ungemein liebevoll an,
und ich war jedes Mal sehr beseligt davon. Und mancher Greis wird, wenn die Welt fahl und öde geworden ist und wenn das Himmelsgewölbe ausgeleert
ist und nur die fernen Sterne und die nahen Dünste
enthält, noch in der Erinnerung den bunten Glanz
sehen und eine matte Freude haben, dass er so selig
gewesen ist, da er ein Kind war. Und mancher Greis,
der in Kraft und Schönheit seines Alters die Freuden
der Natur, der Kunst, der Wissenschaft, der Freundschaft, der Ehe, der Familie, des Vaterlandes um sich
hat, wird als Kleinod auch noch den Wunderglauben
seiner Kindheit dazulegen.
Und wenn die Zeit des Adventes immer weiter vorrückt, wenn die eine Nacht völlig der andern schon
die Hand reicht und der dazwischenliegende Tag nur
eine hellere Nacht erscheint und die geliebte Sonne,
wenn sie ja gesehen wird, gar so weit unten ist und
mit ihrer Kraft nicht heraufzureichen vermag, oder
wenn die Schneeflocken die Luft erfüllen oder wenn
die Dünste und Nebel in ihr stecken: so kommt doch
endlich, wenn dies alles zum weitesten gediehen ist,
der Tag, an welchem die Kinder in der Stadt die unzähligen Bäumchen sehen, als wäre ein junger grüner Wald in die Gassen und auf die Plätze gewandert,
welche Bäumchen, wie ihnen die Eltern sagen, in die
Häuser getragen und dort in einem verschwiegenen
Zimmer aufgestellt werden, damit das Christkindlein heimlich seine Gaben darauf befestige. Und
den Kindern auf dem Lande wird gesagt: „Morgen,
übermorgen, wenn die Nacht erscheint, stellen wir

ein Tannenbäumchen in die Stube, in die Kammer,
in das Prunkgemach, und das Christkindlein wird
es mit Geschenken behängen", oder es wird gesagt:
„Wir breiten ein Tuch auf den Tisch, auf den Kasten,
auf den Stuhl, und es wird dann auf dem Tuche liegen, was das Christkindlein zu der Heiligen Nacht
gebracht hat."
Und endlich kömmt diese Heilige Nacht. So kurz die
Tage sind, so hat doch an diesem Tage die Nacht gar
nicht kommen wollen, und immer und immer dauerte der Tag. Das Christkind aber gibt die Gaben nur in
der Nacht seiner Geburt. Und sie ist jetzt gar wirklich gekommen, diese Nacht. Die Lichter brennen
schon in dem schönen Zimmer der Stadtleute, auf der
Leuchte in der Stube der armen Waldhütte brennt der
Kien, oder es brennt ein Span in seiner eisernen Zan-
ge auf einem hölzernen Gestelle. In dem Zimmer mit
den Lichtern oder in der Stube mit dem brennenden
Kien oder dem brennenden Spane harren die Kinder.
Da kömmt die Mutter und sagt: „Das Christkindlein
ist schon da gewesen."
Und nun öffnen sich die Flügeltüren, und die Kinder
und alle, welche gekommen sind, die Freude zu tei-
len, gehen in das verschwiegene Zimmer. Dort steht
der Baum, der sonst nichts als grün gewesen ist. Jetzt
sind unzählige flimmernde Lichter auf ihm, und bunte Bänder und Gold und unbekannte Kostbarkeiten
hängen von ihm nieder. Und der Gaben ist eine Fülle
auf ihm, dass man sich kaum fassen kann. Die Kinder
sehen ihre liebsten Wünsche erfüllt, und selbst die
Erwachsenen und selbst der Vater und die Mutter ha-

ben von dem Christkinde Geschenke erhalten, weil sie Freunde der Kinder sind und die Kinder lieben. Die Bangigkeit der Erwartung geht jetzt in Jubel auf, und man kann nicht enden, sich zu zeigen, was gespendet worden ist. Man zeigt es sich immer wieder und immer wieder und freut sich, bis der Erregung die Ermattung folgt und der Schlummer die kleinen Augenlider schließt.

Und auch die Tür aus der Stube der Waldhütte öffnet sich in die Kammer hinaus, und die Kinder gehen durch die Tür, und auf einem Baume mit mehreren Lichtlein hängen wunderbare goldene Nüsse und goldene Pflaumen und Äpfel und Birnen und Backwerk und anderes Liebes, vielleicht ein hölzerner schön bemalter Kuckuck oder ein Trompetchen oder zwei rote unvergleichliche Schuhe. Und wenn kein Baum in der Kammer ist, so liegen diese Dinge auf einem weißen reinen Tuche, und eine Talgkerze brennt dabei. Und die Dinge werden in die Stube hinausgetragen und die Talgkerze auch, und sie bleibt in der Heiligen Nacht brennen, bis die Kinder schlafen gehen. Und vor Freude und vor Entzücken gehen sie recht lange nicht schlafen und kosten auch noch von den gespendeten Dingen. Aber endlich bringt sie der Schlummer doch unter ihre Decke, und manche Gabe geht mit in das Bett.

Adalbert Stifter
(geb. 1805 in Oberplan – gest. 1868 in Linz)
Der Autor der beiden großen Romane „Der Nachsommer" und „Witiko", berühmt für seine überbordenden Naturschilderungen, setzte sich immer wieder mit Weihnachten auseinander.

CHRISTKINDL-AHNUNG IM ADVENT

Erleben eigentlich Stadtkinder Weihnachtsfreuden?
Erlebt man sie heute noch? Ich will es allen wünschen, aber ich kann es nicht glauben, dass das Fest
in der Stadt mit ihren Straßen und engen Gassen das
sein kann, was es uns Kindern im Walde gewesen ist.
Der erste Schnee erregte schon liebliche Ahnungen,
die bald verstärkt wurden, wenn es im Haus nach
Pfeffernüssen, Makronen und Kaffeekuchen zu rie-
chen begann, wenn am langen Tische der Herr Oberförster und seine Jäger mit den Marzipanmodeln
ganz zahme, häusliche Dinge verrichteten, wenn an
den langen Abenden sich das wohlige Gefühl der Zu-
sammengehörigkeit auf dieser Insel, die Tag und Tag
stiller wurde, verbreitete.
In die Stadt kam das Christkind nur einmal, aber in
der Riss wurde es schon Wochen vorher im Walde
gesehen, bald kam der, bald jener Jagdgehilfe mit der
Meldung herein, dass er es auf der Jachenauer Seite
oder hinterm Ochsensitzer habe fliegen sehen. In
klaren Nächten musste man bloß vor die Türe gehen,
dann hörte man vom Walde herüber ein feines Klin-
geln und sah in den Büschen ein Licht aufblitzen. Da
röteten sich die Backen vor Aufregung, und die Augen blitzen vor freudiger Erwartung.
Je näher aber der Heilige Abend kam, desto näher
kam auch das Christkind ans Haus, ein Licht huschte an den Fenstern des Schlafzimmers vorüber, und

es klang wie von leise gerüttelten Schlittenschellen. Da setzten wir uns in den Betten auf und schauten sehnsüchtig ins Dunkel hinaus; die großen Kinder aber, die unten standen und auf einer Stange Lichter befestigt hatten, der Jagdgehilfe Bauer und sein Oberförster freuten sich kaum weniger.

Es gab natürlich in den kleinen Verhältnissen kein Übermaß an Geschenken, aber was gegeben wurde, war mit aufmerksamer Beachtung eines Wunsches gewählt und erregte Freude. Als meine Mutter an einem Morgen nach der Bescherung ins Zimmer trat, wo der Christbaum stand, sah sie mich stolz mit meinem Säbel herumspazieren, aber ebenso froh bewegt schritt mein Vater im Hemde auf und ab und hatte den neuen Werderstutzen umgehängt, den ihm das Christkind gebracht hatte.

Wenn der Weg offen war, fuhren meine Eltern nach den Feiertagen auf kurze Zeit zu den Verwandten nach Ammergau. Ich mag an die fünf Jahre gewesen sein, als ich zum ersten Mal mitkommen durfte, und wie der Schlitten die Höhe oberhalb Wallgau erreichte, von wo aus sich der Blick auf das Dorf öffnete, war ich außer mir vor Erstaunen über die vielen Häuser, die Dach an Dach nebeneinanderstanden. Für mich hatte es bis dahin bloß drei Häuser in der Welt gegeben.

Ludwig Thoma
(geb. 1867 in Oberammergau – gest. 1921 in Tegernsee)
Der Jurist, Volksschriftsteller und Satiriker, der eigentlich Förster werden wollte, wurde durch seine Schilderungen des bayerischen Alltagslebens bekannt.

Als ich Christtags-
Freude holen ging

In meinem zwölften Lebensjahre wird es gewesen
sein, als am Frühmorgen des Heiligen Christabends
mein Vater mich an der Schulter rüttelte: ich solle
aufwachen und zur Besinnung kommen, er habe mir
was zu sagen. Die Augen waren bald offen, aber die
Besinnung! Als ich unter Mithilfe der Mutter ange-
zogen war und bei der Frühsuppe saß, verlor sich die
Schlaftrunkenheit allmählich, und nun sprach mein
Vater: „Peter, jetzt höre, was ich dir sage. Da, nimm
einen leeren Sack, denn du wirst was heimtragen. Da,
nimm meinen Stecken, denn es ist viel Schnee, und
da, nimm eine Laterne, denn der Pfad ist schlecht,
und die Stege sind vereist. Du musst hinabgehen
nach Langenwang. Den Holzhändler Spreitzegger
zu Langenwang, den kennst du, der ist mir noch
immer das Geld schuldig, zwei Gulden und sechs-
unddreißig Kreuzer für den Lärchbaum. Ich lass ihn
bitten drum; schön höflich anklopfen und den Hut
abnehmen, wenn du in sein Zimmer trittst. Mit dem
Geld gehst nachher zum Kaufmann Doppelreiter
und kaufst zwei Maßel Semmelmehl und zwei Pfund
Rindschmalz und um zwei Groschen Salz, und das
tragst heim."
Jetzt war aber auch meine Mutter zugegen, ebenfalls
schon angekleidet, während meine sechs jüngeren
Geschwister noch ringsum an der Wand in ihren
Bettchen schliefen. Die Mutter, die redete drein wie

folgt: „Mit Mehl und Schmalz und Salz allein kann ich kein Christtagsessen richten. Ich brauch dazu noch Germ (Bierhefe) um einen Groschen, Weinbeerln um fünf Kreuzer, Zucker um fünf Groschen, Safran um zwei Groschen und Neugewürz um zwei Kreuzer. Etliche Semmeln werden auch müssen sein." „So kaufst es", setzte der Vater ruhig bei. „Und wenn dir das Geld zu wenig wird, so bittest den Herrn Doppelreiter, er möcht die Sachen derweil borgen, und zu Ostern, wenn die Kohlenraitung (Verrechnung) ist, wollt ich schon fleißig zahlen. Eine Semmel kannst unterwegs selber essen, weil du vor Abend nicht heimkommst. Und jetzt kannst gehen, es wird schon fünf Uhr, und dass du noch die Achte-Messe erlangst zu Langenwang."

Das war alles gut und recht. Den Sack band mein Vater mir um die Mitte, den Stecken nahm ich in die rechte Hand, die Laterne mit der frischen Unschlittkerze in die linke, und so ging ich davon, wie ich zu jener Zeit in Wintertagen oft davongegangen war. Der durch wenige Fußgeher ausgetretene Pfad war holperig im tiefen Schnee, und es ist nicht immer leicht, nach den Fußstapfen unserer Vorderen zu wandeln, wenn diese zu lange Beine gehabt haben. Noch nicht dreihundert Schritte war ich gegangen, so lag ich im Schnee, und die Laterne, hingeschleudert, war ausgelöscht. Ich suchte mich langsam zusammen, und dann schaute ich die wunderschöne Nacht an. Anfangs war sie ganz grausam finster, allmählich hub der Schnee an, weiß zu werden, und die Bäume schwarz, und in der Höhe war helles Sternengefunkel. In den Schnee fallen kann man auch ohne Laterne, so stellte ich sie seithin unter einen Strauch, und ohne Licht ging's nun besser als vorhin.

In die Talschlucht kam ich hinab, das Wasser des Fresenbaches war eingedeckt mit glattem Eise, auf welchem, als ich über den Steg ging, die Sterne des Himmels gleichsam Schlittschuh liefen. Später war ein Berg zu übersteigen; auf dem Passe, genannt der „Höllkogel", stieß ich zur wegsamen Bezirksstraße, die durch Wald und Wald hinabführt in das Mürztal. In diesem lag ein weites Meer von Nebel, in welches ich sachte hineinkam, und die feuchte Luft fing an, einen Geruch zu haben, sie roch nach Steinkohlen; und die Luft fing an, fernen Lärm an mein Ohr zu tragen, denn im Tale hämmerten die Eisenwerke, rollte manchmal ein Eisenbahnzug über dröhnende Brücken.

Nach langer Wanderung ins Tal gekommen zur Landstraße, klingelte Schlittengeschelle, der Nebel ward grau und lichter, sodass ich die Fuhrwerke und Wandersleute, die für die Feiertage nach ihren Heimstätten reisten, schon auf kleine Strecken weit sehen konnte. Nachdem ich eine Stunde lang im Tale fortgegangen war, tauchte links an der Straße im Nebel ein dunkler Fleck auf, rechts auch einer, links mehrere, rechts eine ganze Reihe, das Dorf Langenwang. Alles, was Zeit hatte, ging der Kirche zu, denn der Heilige Abend ist voller Vorahnung und Gottesweihe. Bevor noch die Messe anfing, schritt der hagere gebückte Schulmeister durch die Kirche, musterte die Andächtigen, als ob er jemanden suche. Endlich

trat er an mich und fragte leise, ob ich ihm nicht die
Orgel melken wolle, es sei der Mesnerbub krank.
Voll Stolz und Freude, also zum Dienste des Herrn
gewürdigt zu sein, ging ich mit ihm auf den Chor,
um bei der heiligen Messe den Blasebalg der Orgel
zu ziehen. Während ich die zwei langen Lederriemen
abwechselnd aus dem Kasten zog, in welchem jeder
derselben allemal wieder langsam hineinkroch, or-
gelte der Schulmeister, und seine Tochter sang also:

      „Tauet, Himmel, den Gerechten,
        Wolken, regnet ihn herab!
      Also rief in bangen Nächten
        einst die Welt, ein weites Grab.
      In von Gott verhassten Gründen
      herrschten Satan, Tod und Sünden,
        fest verschlossen war das Tor
        zu dem Himmelreich empor.“

Ferner erinnere ich mich, an jenem Morgen nach
dem Gottesdienste in der dämmerigen Kirche vor
ein Heiligenbild hingekniet zu sein und gebetet zu
haben um Glück und Segen zur Erfüllung meiner be-
vorstehenden Aufgabe. Das Bild stellte die vierzehn
Nothelfer dar – einer wird doch dabei sein, der zur
Eintreibung von Schulden behilflich ist. Es schien
mir aber, als schiebe während meines Gebetes auf
dem Bilde einer sich sachte hinter den andern zurück.
Trotzdem ging ich guten Mutes hinaus in den nebeli-
gen Tag, wo alles emsig war in der Vorbereitung zum
Feste, und ging dem Hause des Holzhändlers Spreitzegger zu. Als ich daran war, zur vorderen Tür hi-
neinzugehen, wollte der alte Spreitzegger, soviel ich

mir später reimte, durch die hintere Tür entwischen.
Es wäre ihm gelungen, wenn mir nicht im Augenbli-
cke geschwant hätte:

Peter, geh nicht zur vorderen Tür ins Haus wie ein
Herr, sei demütig, geh zur hinteren Tür hinein, wie
es dem Waldbauernbuben geziemt. Und knapp an der
hinteren Türe trafen wir uns.

„Ah, Bübel, du willst dich wärmen gehen?", sagte
er mit geschmeidiger Stimme und deutete ins Haus,
„na, geh dich nur wärmen. Ist kalt heut!" Und wollte
davon.

„Mir ist nicht kalt", antwortete ich, „aber mein Vater
lässt den Spreitzegger schön grüßen und bitten ums
Geld."

„Ums Geld? Wieso?", fragte er. „Ja, richtig, du bist
der Waldbauernbub. Bist früh aufgestanden heut,
wenn du schon den weiten Weg kommst. Rast nur
ab. Und ich lass deinen Vater auch schön grüßen und
glückliche Feiertage wünschen; ich komm ohnehin
ehzeit einmal zu euch hinauf, nachher wollen wir
schon gleich werden."

Fast verschlug's mir die Rede, stand doch unser ganzes Weihnachtsmahl in Gefahr vor solchem Bescheid.

„Bitt wohl von Herzen schön ums Geld, muss Mehl
kaufen und Schmalz und Salz, und ich darf nicht
heimkommen mit leerem Sack."

Er schaute mich starr an. „Du kannst es!", brumm-
te er, zerrte mit zäher Gebärde seine große, rote
Brieftasche hervor, zupfte in den Papieren, die wahrscheinlich nicht pure Banknoten waren, zog einen
Gulden heraus und sagte: „Na, so nimm derweil das,

in vierzehn Tagen wird dein Vater den Rest schon kriegen. Heut hab ich nicht mehr."

Den Gulden schob er mir in die Hand, ging davon und ließ mich stehen.

Ich blieb aber nicht stehen, sondern ging zum Kaufmann Doppelreiter. Dort begehrte ich ruhig und gemessen, als ob nichts wäre, zwei Maßel Semmelmehl, zwei Pfund Rindschmalz, um zwei Groschen Salz, um einen Groschen Germ, um fünf Kreuzer Weinbeerln, um fünf Groschen Zucker, um zwei Groschen Safran und um zwei Kreuzer Neugewürz. Der Herr Doppelreiter bediente mich selbst und machte mir alles hübsch zurecht in Päckchen und Tütchen, die er dann mit Spagat zusammen in ein einziges Paket band und an den Mehlsack so hing, dass ich das Ding über der Achsel tragen konnte, vorn ein Bündel und hinten ein Bündel.

Als das geschehen war, fragte ich mit einer nicht minder tückischen Ruhe als vorhin, was das alles zusammen ausmache.

„Das macht drei Gulden fünfzehn Kreuzer", antwortete er mit Kreide und Mund.

„Ja, ist schon recht", hierauf ich, „da ist derweil ein Gulden, und das andere wird mein Vater, der Waldbauer in Alpel, zu Ostern zahlen."

Schaute mich der bedauernswerte Mann an und fragte höchst ungleich: „Zu Ostern? In welchem Jahr?"

„Na, nächst Ostern, wenn die Kohlenraitung ist."

Nun mischte sich die Frau Doppelreiter, die andere Kunden bediente, drein und sagte: „Lass ihm's nur, Mann, der Waldbauer hat schon öfter auf Borg genommen und nachher allemal ordentlich bezahlt. Lass ihm's nur."

„Ich lass ihm's ja, werd ihm's nicht wieder wegnehmen", antwortete der Doppelreiter. Das war doch ein bequemer Kaufmann! Jetzt fielen mir auch die Semmeln ein, welche meine Mutter noch bestellt hatte. „Kann man da nicht auch fünf Semmeln haben?", fragte ich.

„Semmeln kriegt man beim Bäcker", sagte der Kaufmann. Das wusste ich nun gleichwohl, nur hatte ich mein Lebtag nichts davon gehört, dass man ein paar Semmeln auf Borg nimmt, daher vertraute ich der Kaufmännin, die sofort als Gönnerin zu betrachten war, meine vollständige Zahlungsunfähigkeit an. Sie gab mir zwei bare Groschen für Semmeln, und als sie nun noch be-obachtete, wie meine Augen mit den reiffeuchten Wimpern fast unablösbar an den gedörrten Zwetschgen hingen, die sie einer alten Frau in den Korb tat, reichte sie mir auch noch eine Handvoll dieser köstlichen Sache zu: „Unterwegs zum Naschen."

Nicht lange hernach, und ich trabte, mit meinen Gütern reich und schwer bepackt, durch die breite Dorfgasse dahin. Überall in den Häusern wurde gemetzgert, gebacken, gebraten, gekeltert; ich beneidete die Leute nicht; ich bedauerte sie vielmehr, dass sie nicht ich waren, der, mit so großem Segen beladen, gen Alpel zog. Das wird morgen ein Christtag werden! Denn die Mutter kann's, wenn sie die Sachen hat. Ein Schwein ist ja auch geschlachtet worden daheim, das gibt Fleischbrühe mit Semmelbrocken, Speck-

fleck, Würste, Nieren-Lümperln, Knödelfleisch mit
Kren, dann erst die Krapfen, die Zuckernudeln, das
Schmalzkoch mit Weinbeerln und Safran! – Die
Herrenleut da in Langenwang haben so was alle
Tag, das ist nichts, aber wir haben es im Jahr einmal und kommen mit unverdorbenem Magen dazu,
das ist was! – Und doch dachte ich auf diesem be-
lasteten Freudenmarsch weniger noch ans Essen als
an das liebe Christkind und sein hochheiliges Fest.
Am Abende, wenn ich nach Hause komme, werde
ich aus der Bibel davon vorlesen, die Mutter und die
Magd Mirzel werden Weihnachtslieder singen; dann,
wenn es zehn Uhr wird, werden wir uns aufmachen
nach Sankt Kathrein und in der Kirche die feierliche
Christmette begehen bei Glocken, Musik und unzähligen Lichtern. Und am Seitenaltar ist das Krip-
pel aufgerichtet, mit Ochs und Esel und den Hirten,
und auf dem Berg die Stadt Bethlehem, und darüber
die Engel, singend: Ehre sei Gott in der Höhe! – Diese Gedanken trugen mich anfangs wie Flügel. Doch
als ich eine Weile die schlittenglatte Landstraße da-
hingegangen war, unter den Füßen knirschenden
Schnee, musste ich mein Doppelbündel schon einmal
wechseln von einer Achsel auf die andere.
In der Nähe des Wirtshauses „Zum Sprengzaun"
kam mir etwas Vierspänniges entgegen. Ein leich-
tes Schlittlein, mit vier feurigen, hoch aufgefeder-
ten Rappen bespannt, auf dem Bock ein Kutscher
mit glänzenden Knöpfen und einem Buttenhut. Der
Kaiser? Nein, der Herr Wachtler vom Schlosse Hoh-
henwang saß im Schlitten, über und über in Pelze

gehüllt und eine Zigarre schmauchend. Ich blieb stehen, schaute dem blitzschnell vorüberrutschenden Zug eine Weile nach und dachte: Etwas krumm ist es doch eingerichtet auf dieser Welt: Da sitzt ein starker Mann drin und lässt sich hinziehen mit so viel überschüssiger Kraft, und ich vermag mein Bündel kaum zu schleppen.

Mittlerweile war es Mittagszeit geworden. Durch den Nebel war die milchweiße Scheibe der Sonne zu sehen; sie war nicht hoch am Himmel hinaufgestiegen, denn um vier Uhr wollte sie ja wieder unten sein, zur langen Christnacht. Ich fühlte in den Beinen manchmal so ein heißes Prickeln, das bis in die Brust hinaufstieg, es zitterten mir die Glieder. Nicht weit von der Stelle, wo der Weg nach Alpel abzweigt, stand ein Kreuz mit dem lebensgroßen Bilde des Heilands. Es stand, wie es heute noch steht, an seinem Fuß Johannes und Magdalena, das Ganze mit einem Bretterverschlag verwahrt, sodass es wie eine Kapelle war. Vor dem Kreuze auf die Bank, die für kniende Beter bestimmt ist, setzte ich mich nieder, um Mittag zu halten.

Eine Semmel, die gehörte mir, meine Neigung zu ihr war so groß, dass ich sie am liebsten in wenigen Bissen verschluckt hätte. Allein das schnelle Schlucken ist nicht gesund, das wusste ich von anderen Leuten, und das langsame Essen macht einen längeren Genuss, das wusste ich schon von mir selber. Also beschloss ich, die Semmel recht gemächlich und bedächtig zu genießen und dazwischen manchmal eine gedörrte Zwetschge zu naschen.

Es war eine sehr köstliche Mahlzeit; wenn ich heute etwas recht Gutes haben will, das kostet außerordentliche Anstrengungen aller Art; ach, wenn man nie und nie einen Mangel zu leiden hat, wie wird man da arm!

Und wie war ich so reich damals, als ich arm war! Als ich nach der Mahlzeit mein Doppelbündel wieder auflud, war's ein Spaß mit ihm, flink ging es voran. Als ich später in die Bergwälder hinaufkam und der graue Nebel dicht in den schneebeschwerten Bäumen hing, dachte ich an den Grabler Hansel.

Das war ein Kohlenführer, der täglich von Alpel seine Fuhre ins Mürztal lieferte. Wenn er auch heute gefahren wäre! Und wenn er jetzt heimwärts mit dem leeren Schlitten des Weges käme und mir das Bündel auflüde! Und am Ende gar mich selber! Dass es so heiß sein kann im Winter! Mitten in Schnee und Eisschollen schwitzen! Doch morgen wird alle Mühsal vergessen sein. Derlei Gedanken und Vorstellungen verkürzten mir unterwegs die Zeit.

Auf einmal roch ich starken Tabakrauch. Knapp hinter mir ging – ganz leise auftretend – der grüne Kilian. Der Kilian war früher einige Zeit lang Forstgehilfe in den gewerkschaftlichen Waldungen gewesen, jetzt war er's nicht mehr, wohnte mit seiner Familie in einer Hütte drüben in der Fischbacher Gegend, man wusste nicht recht, was er trieb. Nun ging er nach Hause. Er hatte einen Korb auf dem Rücken, an dem er nicht schwer zu tragen schien, sein Gewand war noch ein jägermäßiges, aber hübsch abgetragen, und sein schwarzer Vollbart ließ nicht viel sehen von seinem etwas fahlen Gesicht. Als ich ihn bemerkt hatte, nahm er die Pfeife aus dem Mund, lachte laut und sagte: „Wo schiebst denn hin, Bub?"

„Heimzu", meine Antwort. „Was schleppst denn?"

„Sachen für den Christtag."

„Gute Sachen? Der Tausend sapperment! Wem gehörst denn zu?"

„Dem Waldbauern."

„Zum Waldbauern willst gar hinauf! Da musst gut antauchen." „Tu's schon", sagte ich und tauchte an.

„Nach einem solchen Marsch wirst gut schlafen bei der Nacht", versetzte der Kilian, mit mir gleichen Schritt haltend. „Heut wird nicht geschlafen bei der Nacht, heut ist Christnacht."

„Was willst denn sonst tun, als schlafen bei der Nacht?" „Nach Kathrein in die Mette gehen."

„Nach Kathrein?", fragte er. „Den weiten Weg?"

„Um zehn Uhr abends gehen wir vom Haus fort, und um drei Uhr früh sind wir wieder daheim."

Der Kilian biss in sein Pfeifenrohr und sagte: „Na, hörst du, da gehört viel Christentum dazu. Beim Tag ins Mürztal und bei der Nacht in die Mette nach Kathrein! So viel Christentum hab ich nicht, aber das sage ich dir doch: Wenn du dein Bündel in meinen Buckelkorb tun willst, dass ich es dir eine Zeit lang trag und du dich ausrasten kannst, so hast ganz recht, warum soll der alte Esel nicht auch einmal tragen!" Damit war ich einverstanden, und während mein Bündel in seinen Korb sank, dachte ich: Der grüne Kilian ist halt doch ein besserer Mensch, als man sagt.

Dann rückten wir wieder an, ich huschte frei und leicht neben ihm her.

„Ja, ja, die Weihnachten!", sagte der Kilian fauchend. „Da geht's halt drunter und drüber. Da reden sich die Leut in eine Aufregung und Frömmigkeit hinein, die gar nicht wahr ist. Im Grund ist der Christtag wie jeder andere Tag, nicht einen Knopf anders. Der Reiche, ja, der hat jeden Tag Christtag, unsereiner hat jeden Tag Karfreitag."

„Der Karfreitag ist auch schön", war meine Meinung.

„Ja, wer genug Fische und Butter und Eier und Kuchen und Krapfen hat zum Fasten!", lachte der Kilian.

Mir kam sein Reden etwas heidentümlich vor. Doch was er noch weiters sagte, das verstand ich nicht mehr, denn er hatte angefangen, sehr heftig zu gehen, und ich konnte nicht recht nachkommen. Ich rutschte auf dem glitschigen Schnee mit jedem Schritt ein Stückchen zurück, der Kilian hatte Fußeisen angeschnallt, hatte lange Beine, war nicht abgemattet – da ging's freilich voran.

„Herr Kilian!", rief ich.

Er hörte es nicht. Der Abstand zwischen uns wurde immer größer, bei Wegbiegungen entschwand er mir manchmal ganz aus den Augen, um nachher wieder in größerer Entfernung, halb schon von Nebeldämmerung verhüllt, aufzutauchen. Jetzt wurde mir bang um mein Bündel. Kamen wir ja doch schon dem Höllkogel nahe. Das ist jene Stelle, wo der Weg nach Alpel und der Weg nach Fischbach sich gabeln. Ich hub an zu laufen; im Angesicht der Gefahr war alle

Müdigkeit dahin, ich lief wie ein Hündlein und kam immer näher. Was wollte ich aber anfangen, wenn ich ihn eingeholt hätte, wenn ihm der Wille fehlte, die Sachen herzugeben, und mir die Kraft, sie zu nehmen? Das kann ein schönes Ende werden mit diesem Tage, denn die Sachen lasse ich nicht im Stich, und sollte ich ihm nachlaufen müssen bis hinter den Fischbacher Wald zu seiner Hütte!

Als wir denn beide so merkwürdig schnell vorwärts kamen, holten wir ein Schlittengespann ein, das vor uns mit zwei grauen Ochsen und einem schwarzen Kohlenführer langsam des Weges schliff. Der Grabler Hansel. Mein grüner Kilian wollte schon an dem Gespann vorüberhuschen, da schrie ich von hinten her aus Leibeskräften: „Hansel! Hansel! Sei so gut, leg mir meine Christtagssachen auf den Schlitten, der Kilian hat sie im Korb, und er soll sie dir geben!"

Mein Geschrei muss wohl sehr angstvoll gewesen sein, denn der Hansel sprang sofort von seinem Schlitten und nahm eine tatbereite Haltung ein. Und wie der Kilian merkte, ich hätte hier einen Bundesgenossen, riss er sich den Korb vom Rücken und schleuderte das Bündel auf den Schlitten. Noch knirschte er etwas von „dummen Bären" und „Undankbarkeit", dann war er aber auch schon davon.

Der Hansel rückte das Bündel zurecht und fragte, ob man sich draufsetzen dürfe. Das, bat ich, nicht zu tun. So tat er's auch nicht, wir setzten uns hübsch nebeneinander auf den Schlitten, und ich hielt auf dem Schoß sorgfältig mit beiden Händen die Sachen für den Christtag. So kamen wir endlich nach Alpel. Als

wir zur ersten Fresenbrücke gekommen waren, sagte
der Hansel zu den Ochsen: „Oha!" und zu mir: „So!"
Die Ochsen verstanden und blieben stehen, ich verstand nicht und blieb sitzen. Aber nicht mehr lange,
es war ja zum Aussteigen, denn der Hansel musste
links in den Graben hinein und ich rechts den Berg
hinauf.

„Dank dir's Gott, Hansel!" „Ist schon gut, Peterl."
Zur Zeit, da ich mit meiner Last den steilen Berg hi-
nanstieg gegen mein Vaterhaus, begann es zu däm-
mern und zu schneien. Und zuletzt war ich doch
daheim.

„Hast alles?", fragte die Mutter am Kochherd mir
entgegen. „Alles!"

„Brav bist. Und hungrig wirst sein."
Beides ließ ich gelten. Sogleich zog die Mutter mir
die klingend hart gefrorenen Schuhe von den Füßen,
denn ich wollte, dass sie frisch eingefettet würden für
den nächtlichen Mettengang. Dann setzte ich mich in
der warmen Stube zum Essen.

Aber siehe, während des Essens geht es zu Ende mit
meiner Erinnerung. – Als ich wieder zu mir kam, lag
ich wohlausgeschlafen in meinem warmen Bette, und
zum kleinen Fenster herein schien die Morgensonne
des Christtages.

Peter Rosegger
(geb. 1843 in Alpl – gest. 1918 in Krieglach)
Der Sohn eines Waldbauern arbeitete sich vom Schneidergesel-
len zum angesehenen Schriftsteller hoch. Seine Erzählungen
und Romane bewegen sich im bäuerlich-heimatlichen Milieu.

Eine genaue Untersuchung

Aus Deutschland erhielten wir einen Adventskalender, einen von diesen modernen. Früher enthüllten die 24 kleinen, bunten Fenster ein Bild, der neue Kalender aber war aus Plastik, und in jedem Fenster lag ein kleines Stückchen Schokolade.

Wir haben drei Kinder, eine neunjährige Tochter und zwei Söhne, fünf und sieben Jahre alt. Da wir nur einen Kalender hatten, durfte jedes Kind alle drei Tage ein Fenster öffnen.

Mitte Dezember machten wir eine schreckliche Entdeckung: Alle Fenster waren geöffnet, und die Schokoladenstückchen fehlten. Jemand hatte den Weihnachtskalender geplündert. Dieser Vorfall erforderte eine neue Untersuchung.

Ein schlimmes Verbrechen war geschehen. Folgende Todsünden waren begangen worden: Diebstahl, Gefräßigkeit und Rücksichtslosigkeit. Nach dem Abendessen wurden die Kinder befragt und einem scharfen Verhör unterzogen. Aber niemand gab etwas zu, alle schauten mich mit reinen Unschuldsmienen an. Die Untersuchung wurde in meinem Arbeitszimmer fortgesetzt. Einer nach dem anderen wurde befragt.

„Sieh mal, dies ist eine ernste Angelegenheit, aber hab keine Angst. Wenn du mir die Wahrheit sagst, wirst du dich gleich besser fühlen." Aber auch mit dieser raffinierten Taktik kam Vater Poirot keinen Schritt weiter.

Dann ging es wieder an den Eßtisch, der in der Zwischenzeit abgeräumt worden war. Freunde hatten uns eine Pralinenschachtel geschenkt. Ich nahm diese Schachtel und öffnete sie. „Hmm! Seht nur diese herrlichen Süßigkeiten! Echte Schweizer Pralinés. Es gibt in der Welt keine besseren." Ich nahm ein Praliné und hielt es zwischen Daumen und Zeigefinger gegen das Kerzenlicht; drei gierige Augenpaare verschlangen es beinahe. „Und jetzt", sagte Vater Poirot, „wer mir jetzt die Wahrheit sagt und zugibt, daß er die Schokolade aus dem Kalender geklaut hat, den werde ich mit einem Praliné belohnen. Das ist wohl das erste Mal, daß eine Freveltat in aller Öffentlichkeit belohnt wird." Es wurde still. Dann brach ein lauter Streit zwischen den Jungen los: „Ich habe mehr genommen als du!" - „Nein, ich habe die meisten genascht." Und sie zeigten auf jedes Fenster, das sie aufgebrochen hatten. „Hier, die habe ich geöffnet." „Und die habe ich genommen." Der Krach ging eine ganze Weile weiter.

Vater Poirot verwandelte sich in König Salomon und sagte mit lauter Stimme: „Seid endlich ruhig! Dies ist ein friedliches Haus. Wir wollen nicht streiten und uns zanken. Da jetzt klar ist, daß ihr zwei Jungen die schändliche Tat begangen habt, wird jeder von euch ein Praliné bekommen. Hier, nehmt sie."

„Und unsere brave Tochter, hier in der Ecke – sie bekommt die ganze Schachtel mit den köstlichen Pralinés, die so auf der Zunge zergehen."

Mutter applaudierte, die Buben aber heulten vor Wut. Der eine warf sich in hysterischem Zorn auf den Boden, und der andere stampfte wütend mit den Füßen auf den Boden, während er einen Strom von Tränen vergoß.

Ich persönlich mache mir nichts aus Süßigkeiten. Irischer Whiskey ist meine große Schwäche. Und mit einem kräftigen Schluck aus dem Glas beendete ich den Fall und trank auf das kommende Fest, den Frieden und auf immerwährende Gerechtigkeit auf Erden.

Tomi Ungerer
(geb. 1931 in Straßburg)
Der Zeichner und Schriftsteller gilt als einer der bedeutendsten Illustratoren der Gegenwart, dessen Werk sich über alle Genregrenzen hinweg bewegt. Nachdem er in den Fünfzigerjahren in den USA bekannt wurde, kehrte er in den Siebzigerjahren nach Europa zurück.

Die Nacht der himmlischen Wesen

DER STERN

Hätt einer auch fast mehr Verstand,
Als wie die drei Weisen aus Morgenland,
Und ließe sich dünken, er wär wohl nie
Dem Sternlein nachgereist wie sie;
Dennoch, wenn nun das Weihnachtsfest
Seine Lichtlein wonniglich scheinen lässt,
Fällt auch auf sein verständig Gesicht,
Er mag es merken oder nicht,
Ein freundlicher Strahl
Des Wundersternes von dazumal.

Wilhelm Busch
(geb. 1832 in Wiedensahl – gest. 1908 in Mechtshausen)
Der Zeichner, Karikaturist und großartige Dichter unsterbli-
cher Werke wie „Max und Moritz" oder „Die fromme Helene"
wollte eigentlich Kunstmaler werden. Zum Glück für die nach-
folgenden Generationen scheiterte dieser Plan. Er gilt als einer
der Pioniere des Comics.

VOM CHRISTKIND UND DEN ENGELN

Am ersten Schultag nach den Ferien traf ich meinen Spezi Paule. Nachdem wir ausgiebig mit unseren Geschenken angegeben hatten, raunte er plötzlich in verschwörerischem Ton: „Du, ich weiß was, es gibt überhaupt kein Christkind oder Engel, das machen alles die Eltern, das mit dem Christkind ist ein Märchen." Dann zog er wieder seine Rotzglocke in die Nase zurück und schaute wissend und erfahren.

„Das ist überhaupt nicht wahr, das kann gar nicht stimmen!" Ich ging sofort in Stellung, um mein Christkind zu verteidigen. Er fing zu erklären an: „Ich war in unserem Wohnzimmer. Da war außer dem leeren Baum nichts, rein gar nichts. Und den Baum hat mein Vater selber gekauft – ich war dabei. Ich hab diesmal scharf aufgepasst: Ich kann von meinem Zimmer aus den Eingang und das Wohnzimmerfenster genau überblicken. Nur meine Eltern sind aus- und eingegangen und haben die Geschenke aus dem Schlafzimmer rübergebracht. Keine Spur von Christkind oder Engeln. Niemand ist durchs Fenster oder die Oberlichte geflogen!

Meine Mutter hat mich dann mit Plätzchen und Tee abgelenkt. Mein Vater war noch in der Stube, dann hat er mit dem Glöckchen geläutet, sich hinter die Tür gestellt und gehofft, dass ich ihn in der Begeisterung nicht sehen würde. Es gibt hundertprozentig kein Christkind oder Engel, das schwör ich dir."

Ich kämpfte mit aller Vehemenz gegen seine Lo-
gik. Das Christkind könne auch durch geschlossene
Fenster fliegen. – Schmarrn, meinte Paule, die Geschenke seien von den Eltern gekauft und versteckt
worden. – Er könne ja einen Augenblick abgelenkt
gewesen sein, als die Engel und das Christkind in die
Stube witschten. – Schon, meinte mein Spezi, aber
dann hätte er sie wieder herauskommen sehen, zum
Beispiel durch die offenen Oberlichte. Ich beharr-
te auf meinem Standpunkt: Gerade heuer hätte ich
mehrere Engel fliegen sehen, das könne ich beschwö-
ren. – Unsinn, meinte Paule, das waren Tauben oder
Schweiberl. – Schweiberl? Unmöglich, Schwalben
seien im Winter im Ausland und außerdem hätte ich
spinnwebenfeine Hemdchen gesehen mit goldenem
Rand, und ganz zart hätte ich sie rauschen hören. –
Blödsinn, das seien sicher weiße Tauben gewesen. –
Außerdem hätte ich öfter am Morgen Stückchen von
Goldschnüren und Lametta auf dem Küchenboden
gefunden, schrie ich ihn an. – „Du bist ja blöd und so
kindisch, dass ich mich mit dir überhaupt nicht mehr
unterhalten will", zischte er. – „Selber blöd", schrie
ich und gab ihm einen Renner vor die Brust. – „Das
Lametta und die Goldfäden haben doch deine Eltern
hingelegt, weil sie dich für so kindisch halten, dass du
das noch glaubst", höhnte er und gab mir einen Stoß
mit der rechten Schulter, dass ich hinflog. Jetzt prü-
gelten wir uns richtig, nach kurzer Zeit blutete er aus
der Nase, und mir schwoll die Unterlippe an. „Aber
das sage ich dir", knirschte ich aus dem zuschwel-
lenden Mund, „wenn es schon kein Christkind gibt,

Engel gibt es ganz bestimmt." – „Glaub doch, was du willst, du kindischer Arsch, du", zeterte er über seine Schulter, während er mit einem schmutzigen Taschentuch sein Nasenbluten zu stillen versuchte und heimwärts abzog.

Ich kam auf meinem Heimweg nur ganz langsam voran, weil ich noch einmal alle Argumente und Gegenargumente überdenken musste. Es war ein harter Kampf, und ich hab ihn nur halb gewonnen: Gut, das mit dem Christkind waren vielleicht wirklich die Eltern, aber die Engel, die durch Oberlichte fliegen und den Eltern an Weihnachten helfen, die konnte ich einfach noch nicht auf dem Altar einer nüchternen Wirklichkeit opfern. Zu deutlich hatte ich dieses feine Rascheln im Ohr.

Und so schaffte ich es, mir den Glauben an angelische Weihnachtshilfe fast noch ein ganzes Jahr zu erhalten. Und ein bisschen glaub ich noch heute dran.

Ali Mitgutsch
(geb. 1935 in München)
Der Bilderbuchautor, Illustrator, Grafiker und Maler, der mit Vornamen eigentlich Alfons heißt, hat in Deutschland als erster Wimmelbilder bekannt gemacht.

ICH TRÄUMTE IN DER WEIHNACHTSNACHT

Ich träumte in der Weihnachtsnacht, ich wanderte durch die Tiefen des Himmels und sah einen Engel über die Wolken gehen. Die Lichtgestalt lächelte und trat zu mir und sagte: „Kennst du mich? Ich bin der Engel des Friedens. Ich tröste die Menschen und bin bei ihnen in ihrem großen Kummer. Wenn er zu groß wird, wenn sie sich auf dem harten Boden der Erde wund gelegen haben, so nehme ich ihre Seele an mein Herz und trage sie zur Höhe und lege sie auf die weiche Wolke des Todes nieder. Alle diese Wolken ziehen mit ihren Schläfern gen Morgen, und wenn die Sonne aufgeht, erwachen sie und leben."

Jean Paul
(geb. 1763 in Wunsiedel – gest. 1825 in Bayreuth)
Der maßlose Dichter und ebenso maßlose Vielleser, mit bürgerlichem Namen Johann Paul Richter, rührte vor allem mit seinen ersten Romanen sein weibliches Publikum zu Tränen und war zu dieser Zeit beim Publikum beliebter als Goethe.

EIN
WEIHNACHTSENGEL

Mit den Tannenbäumen begann es. Eines Morgens,
als wir zur Schule gingen, hafteten an den Straßen-
ecken die grünen Siegel, die die Stadt wie ein großes
Weihnachtspaket an hundert Ecken und Kanten zu
sichern schienen. Dann barst sie eines schönen Tages
dennoch, und Spielzeug, Nüsse, Stroh und Baum-
schmuck quollen aus ihrem Innern: der Weihnachts-
markt. Mit ihnen aber quoll noch etwas anderes hervor: die Armut. Wie nämlich Apfel und Nüsse mit
ein wenig Schaumgold neben dem Marzipan sich auf
dem Weihnachtsteller zeigen durften, so auch die armen Leute mit Lametta und bunten Kerzen in den
besseren Vierteln. Die Reichen aber schickten ihre
Kinder vor, um denen der Armen wollene Schäfchen
abzukaufen oder Almosen auszuteilen, die sie selbst
vor Scham nicht über ihre Hände brachten. Inzwischen stand bereits auf der Veranda der Baum, den
meine Mutter insgeheim gekauft und über die Hin-
tertreppe in die Wohnung hatte bringen lassen. Und
wunderbarer als alles, was das Kerzenlicht ihm gab,
war, wie das nahe Fest in seine Zweige mit jedem
Tage dichter sich verspann. In den Höfen begannen
die Leierkasten die letzte Frist mit Chorälen zu deh-
nen. Endlich war sie dennoch verstrichen und einer
jener Tage wieder da, an deren frühesten ich mich
hier erinnere.

In meinem Zimmer wartete ich, bis es sechs werden wollte. Kein Fest des späteren Lebens kennt diese Stunde, die wie ein Pfeil im Herzen des Tages zittert. Es war schon dunkel; trotzdem entzündete ich nicht die Lampe, um den Blick nicht von den Fenstern überm Hof zu wenden, hinter denen nun die ersten Kerzen zu sehen waren. Es war von allen Augenblicken, die das Dasein des Weihnachtsbaumes hat, der bänglichste, indem er Nadeln und Geäst dem Dunkel opfert, um nichts zu sein als nur ein unnahbares und doch nahes Sternbild im trüben Fenster einer Hinterwohnung. Doch wie ein solches Sternbild hin und wieder eins der verlassenen Fenster begnadete, indessen viele weiter dunkel blieben und andere noch trauriger im Gaslicht der früheren Abende verkümmerten, schien mir, dass diese weihnachtlichen Fenster die Einsamkeit, das Alter und das Darben – all das, wovon die armen Leute schwiegen – in sich fassten.
Dann fiel mir wieder die Bescherung ein, die meine Eltern eben rüsteten. Kaum aber hatte ich so schweren Herzens, wie nur die Nähe eines sichern Glücks es macht, mich von dem Fenster abgewandt, so spürte ich eine fremde Gegenwart im Raum. Es war nichts als ein Wind, sodass die Worte, die sich auf meinen Lippen bildeten, wie Falten waren, die ein träges Segel plötzlich vor einer frischen Brise wirft: „Alle Jahre wieder kommt das Christuskind auf die Erde nieder, wo wir Menschen sind" – mit diesen Worten hatte sich der Engel, der in ihnen begonnen hatte, sich zu bilden, auch verflüchtigt. Doch nicht mehr lange blieb ich im leeren Zimmer. Man rief mich in

das gegenüberliegende, in dem der Baum nun in die Glorie eingegangen war, welche ihn mir entfremdete, bis er, des Untersatzes beraubt, im Schnee verschüttet oder im Regen glänzend, das Fest da endete, wo es ein Leierkasten begonnen hatte.

Walter Benjamin
(geb. 1892 in Charlottenburg – gest. 1940 in Portbou)
Der Philosoph, Schriftsteller und begeisterte Kinderbuchsammler lässt in seinem Buch „Berliner Kindheit um Neunzehnhundert", dem auch dieser Text entnommen ist, auch das Weihnachtsfest in einem sehr eigenen Licht erscheinen.

DAS FEUER IN DER DUNKLEN NACHT

Als ich fünf Jahre alt war, hatte ich einen großen Kummer. Ich weiß kaum, ob ich seitdem einen größeren gehabt habe. Das war, als meine Großmutter starb. Bis dahin hatte sie jeden Tag auf dem Ecksofa in ihrer Stube gesessen und Märchen erzählt. Ich weiß es nicht anders, als dass Großmutter dasaß und erzählte, vom Morgen bis zum Abend, und wir Kinder saßen still neben ihr und hörten zu. Das war ein herrliches Leben. Es gab keine Kinder, denen es so gut ging wie uns.
Ich erinnere mich nicht an sehr viel von meiner Großmutter.

Ich erinnere mich, dass sie schönes, kreideweißes Haar hatte und dass sie sehr gebückt ging und dass sie immer dasaß und an einem Strumpf strickte.

Dann erinnere ich mich auch, dass sie, wenn sie ein Märchen erzählt hatte, ihre Hand auf meinen Kopf zu legen pflegte, und dann sagte sie: „Und das alles ist so wahr, wie dass ich dich sehe und du mich siehst."

Seht, das ist beinahe alles, was ich noch von meiner Großmutter weiß, außer dem, woran ich mich am besten erinnere, nämlich den großen Schmerz, als sie dahinging.

Ich erinnere mich an den Morgen, an dem das Ecksofa leer stand und es unmöglich war, zu begreifen, wie die Stunden des Tages zu Ende gehen sollten. Daran erinnere ich mich. Das vergesse ich nie. Aber noch heute, nach vierzig Jahren, wie ich dasitze und die Legenden über Christus sammle, die ich drüben im Morgenland gehört habe, wacht die kleine Geschichte von Jesu Geburt, die meine Großmutter zu erzählen pflegte, in mir auf. Und ich bekomme Lust, sie noch einmal zu erzählen und sie auch in meine Sammlung mit aufzunehmen.

Es war an einem Weihnachtstag, alle waren zur Kirche gefahren, außer Großmutter und mir. Ich glaube, wir beide waren im ganzen Haus allein. Wir hatten nicht mitfahren können, weil die eine zu jung und die andere zu alt war. Und alle beide waren wir betrübt, dass wir nicht zum Mettegesang fahren und die Weihnachtslichter sehen konnten.

Aber wie wir so in unserer Einsamkeit saßen, fing Großmutter zu erzählen an.

„Es war einmal ein Mann", sagte sie, „der in die dunkle Nacht hinausging, um sich Feuer zu leihen. Er ging von Haus zu Haus und klopfte an. ‚Ihr lieben Leut, helft mir!', sagte er. ‚Mein Weib hat eben ein Kindlein geboren, und ich muss Feuer anzünden, um es und den Kleinen zu erwärmen.'

Aber es war tiefe Nacht, sodass alle Menschen schliefen, und niemand antwortete ihm.

Der Mann ging und ging. Endlich erblickte er in weiter Ferne einen Feuerschein. Da wanderte er dieser Richtung zu und sah, dass das Feuer im Freien brannte. Eine Menge weißer Schafe lag rings um das Feuer und schlief, und ein alter Hirt wachte über die Herde. Als der Mann, der Feuer leihen wollte, zu den Schafen kam, sah er, dass drei große Hunde zu Füßen des Hirten ruhten und schliefen. Sie erwachten alle drei bei seinem Kommen und sperrten ihre weiten Rachen auf, als ob sie bellen wollten, aber man vernahm keinen Laut.

Der Mann sah, dass sich die Haare auf ihrem Rücken sträubten, er sah, wie ihre scharfen Zähne funkelnd weiß im Feuerschein leuchteten, und wie sie auf ihn losstürzten.

Er fühlte, dass einer nach seiner Hand fasste und dass einer sich an seine Kehle hängte. Aber die Kinnladen und Zähne, mit denen die Hunde beißen wollten, gehorchten ihnen nicht, und der Mann litt nicht den kleinsten Schaden.

Nun wollte der Mann weitergehen, um das zu finden, was er brauchte. Aber die Schafe lagen so dicht nebeneinander, Rücken an Rücken, dass er nicht vorwärtskommen konnte. Da stieg der Mann auf die Rücken der Tiere und wanderte über sie hin dem Feuer zu. Und keins von den Tieren wachte auf oder regte sich." So weit hatte Großmutter ungestört erzählen können, aber nun konnte ich es nicht lassen, sie zu unterbrechen. „Warum regten sie sich nicht, Großmutter?", fragte ich.

„Das wirst du nach einem Weilchen schon erfahren", sagte Großmutter und fuhr mit ihrer Geschichte fort.

„Als der Mann fast beim Feuer angelangt war, sah der Hirt auf. Es war ein alter, mürrischer Mann, der unwirsch und hart gegen alle Menschen war. Und als er einen Fremden kommen sah, griff er nach seinem langen, spitzigen Stabe, den er in der Hand zu halten pflegte, wenn er seine Herde hütete, und warf ihn nach ihm. Und der Stab fuhr zischend gerade auf den Mann los, aber ehe er ihn traf, wich er zur Seite und sauste an ihm vorbei, weit über das Feld."

Als Großmutter so weit gekommen war, unterbrach ich sie abermals. „Großmutter, warum wollte der Stock den Mann nicht schlagen?" Aber Großmutter ließ es sich nicht einfallen, mir zu antworten, sondern fuhr mit ihrer Erzählung fort.

„Nun kam der Mann zu dem Hirten und sagte zu ihm: ‚Guter Freund, hilf mir und leih mir ein wenig Feuer. Mein Weib hat eben ein Kindlein geboren, und ich muss Feuer machen, um es und den Kleinen zu erwärmen.'

Der Hirt hätte am liebsten Nein gesagt, aber als er daran dachte, dass die Hunde dem Manne nicht schaden können, dass die Schafe nicht vor ihm da-

vongelaufen waren und dass sein Stab ihn nicht fällen
wollte, da wurde ihm ein wenig bange, und er wagte
es nicht, dem Fremden das abzuschlagen, was er begehrte. ‚Nimm, soviel du brauchst‘, sagte er zu dem
Manne. Aber das Feuer war beinahe ausgebrannt. Es
waren keine Scheite und Zweige mehr übrig, sondern
nur ein großer Gluthaufen, und der Fremde hatte
weder Schaufel noch Eimer, worin er die roten Kohlen hätte tragen können.

Als der Hirt dies sah, sagte er abermals: ‚Nimm, soviel du brauchst!‘ Und er freute sich, dass der Mann
kein Feuer wegtragen konnte. Aber der Mann beugte
sich hinunter, holte die Kohlen mit bloßen Händen
aus der Asche und legte sie in seinen Mantel. Und
weder versengten die Kohlen seine Hände, als er sie
berührte, noch versengten sie seinen Mantel, sondern der Mann trug sie fort, als wenn es Nüsse oder
Äpfel gewesen wären.“

Aber hier wurde die Märchenerzählerin zum dritten
Mal unterbrochen. „Großmutter, warum wollte die
Kohle den Mann nicht brennen?“

„Das wirst du schon hören“, sagte Großmutter, und
dann erzählte sie weiter. „Als dieser Hirt, der ein so
böser, mürrischer Mann war, dies alles sah, begann
er sich bei sich selbst zu wundern: ‚Was kann dies für
eine Nacht sein, wo Hunde die Schafe nicht beißen,
die Schafe nicht erschrecken, die Lanze nicht tötet
und das Feuer nicht brennt?‘ Er rief den Fremden zurück und sagte zu ihm: ‚Was ist dies für eine Nacht?
Und woher kommt es, dass alle Dinge dir Barmher-
zigkeit zeigen?‘

Da sagte der Mann: ‚Ich kann es dir nicht sagen, wenn du selber es nicht siehst.‘ Und er wollte seiner Wege gehen, um bald ein Feuer anzünden und Weib und Kind wärmen zu können.

Aber da dachte der Hirt, er wolle den Mann nicht ganz aus dem Gesicht verlieren, bevor er erfahren hätte, was dies alles bedeute. Er stand auf und ging ihm nach, bis er dorthin kam, wo der Fremde daheim war. Da sah der Hirt, dass der Mann nicht einmal eine Hütte hatte, um darin zu wohnen, sondern er hatte sein Weib und sein Kind in einer Berggrotte liegen, wo es nichts gab als nackte, kalte Steinwände. Der Hirt dachte, dass das arme unschuldige Kindlein vielleicht dort in der Grotte erfrieren würde. Und obgleich er ein harter Mann war, wurde er davon doch ergriffen und beschloss, dem Kinde zu helfen. Und er löste sein Ränzel von der Schulter und nahm daraus ein weiches Schaffell hervor. Das gab er dem fremden Manne und sagte, er möge das Kind darauf betten.

Aber in demselben Augenblick, in dem er zeigte, dass auch er barmherzig sein konnte, wurden ihm die Augen geöffnet, und er sah, was er vorher nicht hatte sehen, und hörte, was er vorher nicht hatte hören können: Er sah, dass rund um ihn ein dichter Kreis von kleinen, silberbeflügelten Englein stand. Und jedes von ihnen hielt ein Saitenspiel in der Hand, und alle sangen sie mit lauter Stimme, dass in dieser Nacht der Heiland geboren wäre, der die Welt von ihren Sünden erlösen solle.

Da begriff er, warum in dieser Nacht alle Dinge so froh waren, dass sie niemandem etwas zuleide tun

wollten. Und nicht nur rings um den Hirten waren
Engel, sondern er sah sie überall. Sie saßen in der
Grotte, und sie saßen auf dem Berge, und sie flogen
unter dem Himmel. Sie kamen in großen Scharen
über den Weg gegangen, und wie sie vorbeikamen,
blieben sie stehen und warfen einen Blick auf das
Kind. Es herrschte eitel Jubel und Freude und Singen
und Spiel, und das alles sah er in der dunklen Nacht,
in der er früher nichts zu gewahren vermocht hatte.
Und er wurde so froh, dass seine Augen geöffnet waren, dass er auf die Knie fiel und Gott dankte."
Aber als Großmutter so weit gekommen war, seufzte
sie und sagte: „Aber was der Hirte sah, das könnten
wir auch sehen, denn die Engel fliegen in jeder Weihnachtsnacht unter dem Himmel, wenn wir sie nur zu
gewahren vermögen."
Und dann legte Großmutter ihre Hand auf meinen
Kopf und sagte: „Dies sollst du dir merken, denn es
ist so wahr, wie dass ich dich sehe und du mich siehst.
Nicht auf Lichter und Lampen kommt es an, und es
liegt nicht an Mond und Sonne, sondern was nottut,
ist, dass wir Augen haben, die Gottes Herrlichkeit
sehen können."

Selma Lagerlöf
(geb. 1858 Gut Mårbacka in Värmland, Schweden – gest. 1940
ebenda)
Gegen den Wunsch ihres Vaters ließ sich Selma Lagerlöf zur
Volksschullehrerin ausbilden. 1895 gab sie diesen Beruf auf und
wurde freie Schriftstellerin, die 1909 als erste Frau den Litera-
turnobelpreis erhielt.

WEIHNACHTEN

Sie saß neben mir auf der Bank und badete ihr Gesicht in der Sonne. Sie hatte ihre Augenbrauen ausgewechselt, mit Pinzette: ein für allemal. Die neuen waren strenge Linien, die von der Kindheit trennten. Wir schwiegen, sie bei geschlossenen Augen. Doch wer weiß, was sie sah, denn plötzlich sagte sie: „Wenn doch schon Weihnachten wäre."

Die Rosen blühten.

„Was hast du vor zu Weihnachten?" fragte ich.

„Nichts", sagte sie. „Aber dann wäre doch Weihnachten."

Ich entsann mich, daß sie auch vergangenes Jahr nicht hatte auf den Weihnachtsbaum verzichten wollen. Geschmückt mit Lametta, Zuckerwerk und zwölf Kerzen, hatte er in ihrem Zimmer gestanden – vor einem riesigen roten Plakat mit lachendem Che Guevara.

Reiner Kunze
(geb. 1933 in Oelsnitz)
Der Sohn eines Bergarbeiters wurde 1977 aus der DDR ausgebürgert. Seitdem lebt er in der Nähe von Passau. Er ist Träger zahlreicher Literaturpreise.

Vom Wonne-schauer des Weihnachts-abends

WEIHNACHT

Weihnachtsgeläute
Im nächtigen Wind …
Wer weiß, wo heute
Die Glocken sind,
Die Töne von damals sind?

Die lebenden Töne
Verflogener Jahr'
Mit kindischer Schöne
Und duftendem Haar,
Mit tannenduftigem Haar,

Mit Lippen und Locken
Von Träumen schwer? …
Und wo kommen die Glocken
Von heute her,
Die wandernden heute her?

Die kommenden Tage,
Die wehn da vorbei.
Wer hörts, ob Klage,
Ob lachender Mai,
Ob blühender, glühender Mai? …

Hugo von Hofmannsthal
(geb. 1874 in Wien – gest. 1929 in Rodaun)
Österreichischer Dichter, Dramatiker und Librettist.

CHRISTTAG FRÜH

Frankfurt, 25. Dezember 1772

Christtag früh. Es ist noch Nacht, lieber Kestner, ich bin aufgestanden, um bei Lichte morgens wieder zu schreiben, das mir angenehme Erinnerungen voriger Zeiten zurückruft. Ich habe mir Coffee machen lassen, den Festtag zu ehren, und will euch schreiben, bis es Tag ist. Der Türmer hat sein Lied schon geblasen, ich wachte darüber auf: „Gelobet seist du, Jesus Christ!" Ich hab diese Zeit des Jahrs gar lieb, die Lieder, die man singt, und die Kälte, die eingefallen ist, macht mich vollends vergnügt.
Ich habe gestern einen herrlichen Tag gehabt; ich fürchtete für den heutigen, aber der ist auch gut begonnen, und da ist mirs fürs Enden nicht Angst. Gestern Nacht verspräch ich schon meinen lieben zwei Schattengesichtern, Euch zu schreiben; sie schweben um mein Bett wie Engel Gottes. Ich hatte gleich bei meiner Ankunft Lottchens Silhouette angesteckt; wie ich in Darmstadt war, stellten sie mein Bett herein, und siehe, Lottens Bild steht zu Häupten; das freute mich sehr, Lenchen hat jetzt die andere Seiten, ich dank Euch, Kestner, für das liebe Bild, es stimmt weit mehr mit dem überein, was ihr mir von ihr schriebt als alles, was ich imaginiert hatte, so ist es nichts mit uns, die wir raten, phantasieren und weissagen. Der Türmer hat sich wieder zu mir gekehrt; der Nordwind bringt mir seine Melodie, als blies

er vor meinem Fenster. Gestern, lieber Kestner, war
ich mit einigen guten Jungens auf dem Lande; unsre
Lustbarkeit war sehr laut und Geschrei und Geläch-
ter von Anfang zu Ende. Das taugt sonst nichts für
die kommende Stunde; doch was können die heiligen
Götter nicht wenden, wenn's ihnen beliebt? Sie gaben mir einen frohen Abend, ich hatte keinen Wein
getrunken, mein Aug war ganz unbefangen über die
Natur. Ein schöner Abend, als wir zurückgingen, es
ward Nacht. Nun muss ich Dir sagen, das ist immer
eine Sympathie für meine Seele, wenn die Sonne lang
hinunter ist und die Nacht von Morgen heraus nach
Nord und Süd um sich gegriffen hat, und nur noch
ein dämmernder Kreis von Abend herausleuchtet.
Seht, Kestner, wo das Land flach ist, ist's das herrlichste Schauspiel, ich habe jünger und wärmer stun-
denlang so ihr zugesehn hinabdämmern auf meinen
Wandrungen. Auf der Brücke hielt ich still. Die düstre Stadt zu beiden Seiten, der still-leuchtende Hori-
zont, der Widerschein im Fluss machte einen köstlichen Eindruck in meine Seele, den ich mit beiden
Armen umfasste. Ich lief zu den Gerocks, ließ mir
Bleistift geben und Papier und zeichnete zu meiner
großen Freude das ganze Bild so dämmernd warm,
als es in meiner Seele stand. Sie hatten alle Freude mit
mir darüber, empfanden alles, was ich gemacht hatte,
und da war ich's erst gewiss, ich bot ihnen an, drum
zu würfeln, sie schlugen es aus und wollten, ich soll's
Mercken schicken.
Nun hängt es hier an meiner Wand und freut mich
heute wie gestern. Wir hatten einen schönen Abend

zusammen, wie Leute, denen das Glück ein großes
Geschenk gemacht hat, und ich schlief ein, den Heiligen im Himmel dankend, dass sie uns Kinderfreude zum Christ bescheren wollen. Als ich über den
Markt ging und die vielen Lichter und Spielsachen
sah, dacht ich an Euch und meine Buben, wie Ihr ihnen kommen würdet, diesen Augenblick ein himmlischer Bote mit dem blauen Evangelio, und wie aufgerollt sie das Buch erbauen werde. Hätte ich bei euch
sein können, ich hätte wollen so ein Fest Wachsstöcke illuminieren, dass es in den kleinen Köpfen wie
ein Widerschein der Herrlichkeit des Himmels geglänzt hätte.
Die Torschließer kommen vom Bürgermeister und
rasseln mit den Schlüsseln. Das erste Grau des Tags
kommt mir über des Nachbarn Haus, und die Glocken läuten eine christliche Gemeinde zusammen.
Wohl, ich bin erbaut hier oben auf meiner Stube, die
ich lang nicht so lieb hatte als jetzt. Sie ist mit den
glücklichsten Bildern ausgeziert, die mir freundlichen Guten Morgen sagen. Sieben Köpfe nach Raphael, eingegeben vom lebendigen Geiste; einen davon habe ich nachgezeichnet und bin zufrieden mit
ihm, obgleich nicht so froh …
Nun adieu, es ist hell Licht. Gott sei bei euch, wie ich
bei euch bin. Der Tag ist festlich angefangen …

Johann Wolfgang von Goethe
(geb. 1749 in Frankfurt am Main – gest. 1832 in Weimar)
Jurist, Dichter, Dramatiker und nebenher noch Naturforscher,
Minister und Theaterleiter. Hier ein Brief an seinen damaligen
Kollegen vom Reichskammergericht in Wetzlar.

ALLE JAHRE WIEDER

Das Haus, in dem wir lebten, war in mancher Beziehung auch unerfreulich. Es war gleich nach dem zweiten Kriege eilig und aus schlechtem Material erbaut worden, und seine Wände und Decken war so dünn, dass man aus den Nachbarwohnungen, aber auch von oben und unten alle Geräusche hörte, Stimmen und Schritte, den Staubsauger und das Radio und natürlich auch am Heiligen Abend die Weihnachtslieder und die kleinen Glocken, mit denen man die Kinder zu den Bescherungen rief … Die erlauschten Weihnachtsabende – nun, man muss sich nicht vorstellen, dass sie einander glichen, wie eine silberne Christkugel der anderen gleicht. Ich erinnere mich, dass in den ersten Jahren überall im Hause noch Weihnachtslieder gesungen wurden und dass über vielen unreinen und schwankenden Stimmen immer eine schwebte, die so klang, wie man sich die Stimme eines Engels vorstellt, hell, unbeirrbar und rein. Später dann wurde nicht mehr gesungen, man holte sich die Musik aus dem Rundfunk, unterbrach sie auch und ließ Glocken läuten oder einen Redner reden und unterbrach am Ende auch diesen, um sich zu Tisch zu setzen, zu diesen Weihnachtsmählern, die in jeder Festzeit üppiger wurden. In den folgenden Jahren aber war es auch mit der Radiomusik vorbei. Es wurden von den Kindern keine Gedichte mehr aufgesagt, die zitternden Töne der Bescherungsglöckchen waren nicht mehr zu vernehmen und

auch nicht die Stimme des kleinen Sepp, der früher
dazu angehalten worden war, neben dem brennenden
Christbaum die Weihnachtsgeschichte aus dem Lu-
kas-Evangelium vorzulesen. Übrigens zog um diese
Zeit auch der Geruch der Christbaumkerzen schon
nicht mehr durch das Haus. Die Eltern des großen
Anton hatten es überflüssig gefunden, dem Gymna-
siasten noch einen Baum zu putzen, und die Eltern
des kleinen Sepp hatten ein künstliches Ding gekauft,
das sich mit Glühbirnen besteckt im Kreise drehte
und dazu „Stille Nacht" spielte, welche Töne man
aber auch abstellen konnte und abstellte, schon im
zweiten Jahr. Nur in der Familie Munk gab es noch
einen Tannenbaum mit Lichtern. Aber diese Lichter wurden bereits nach fünf Minuten wieder aus-
geblasen, weil der Vater des kleinen Munk jetzt sehr
nervös war, immer einen Eimer Wasser bereithielt
und schon die ganzen fünf Minuten lang mit seiner
schrillen Stimme „Ausmachen, ausmachen" rief.
Das waren die Geräusche, die ich hörte oder auch
nicht mehr hörte im Laufe der acht Jahre, während
deren die Buben heranwuchsen und in die Volks-
schule und dann in die höhere Schule kamen. Ich hatte mir nie recht klargemacht, was sich da so langsam
veränderte, sodass schließlich von Weihnachten fast
nichts mehr übrig blieb als ein Tisch voller Geschenke, ein zu fettes Essen und ein unruhiger Schlaf.

Marie Luise Kaschnitz
(geb. 1901 in Karlsruhe – gest. 1974 in Rom)
Nach einer Buchhandelslehre lebte die Dichterin u. a. in Rom
und Frankfurt a. M.

$\mathcal{D}$IE $\mathcal{B}$ESCHERUNG

Daß mir keiner ins Schlafzimmer kommt! Alle Jahre wieder ertönt dieser obligatorische Imperativ aus dem Munde meiner Frieda, wenn es darum geht, am Heiligen Abend Pakete und Päckchen in geschmackvolles Weihnachtspapier zu schlagen, wenn es darum geht, den Rest der Familie in Schach zu halten, damit auch ja keiner einen voreiligen Blick auf die Geschenke werfen kann.

Ich dagegen habe es etwas einfacher: Ich schmücke den Baum. Punkt 17.00 Uhr begebe ich mich auf die Veranda und hole den schönen Baum herein.

Es ist wirklich ein schöner Baum, sagt die Frieda.

Doch, sage ich, der Baum ist schön.

Dann kommt die kleinere Frieda auch noch und sagt, daß der Baum schön ist.

Und nachdem wir alle noch ein paarmal um den schönen Baum herumgegangen sind, sagt die Frieda: Mein Gott! Es ist ja schon halb sechs!

Und damit beginnt offiziell in allen Familien, die sich bei diesem Fest noch bürgerlicher Geheimnistuerei bedienen, der nervöse Teil der Bescherung.

Deshalb stecke ich mir vorbeugend – einmal im Jahr – zunächst mal eine Zigarre an und überlege in aller Ruhe, welche formalen Prinzipien ich dieses Mal zur Ausschmückung des schönen Baumes anwende.

Habe ich dann den Baum nach einigen Schnitzereien mit einem Sägemesser glücklich in den Christbaumständer gezwängt, weiß ich auch schon, wie ich's mache: Dieses Mal werde ich endlich dem Prinzip huldigen: je schlichter, desto vornehmer! Zwei, drei Kugeln, vier bis fünf Kerzen, hie und da einen Silberfaden, aus! Schließlich ist das ja ein Baum und keine Hollywoodschaukel.

Das soll natürlich nicht heißen, daß wir nicht genug Kugeln und Kerzen, Lametta und Engelshaar, Glöckchen und Trompetchen hätten. Im Gegenteil. Ich könnte damit drei Bäume, Pardon, drei schöne Bäume schmücken.

Und schon erhebt sich die Frage: Nur bunte Kugeln oder nur silberne? Nur weiße Kerzen oder nur rote? Engelshaar oder kein Engelshaar? Ja, was sollen meine intellektuellen Freunde denken, wenn die am 2. Feiertag zu Besuch kommen und sehen dann einen Mischmasch aus Sentimentalität und Kunstgewerbe.

In diese meine präzisen ästhetischen Überlegungen hinein platzt die Frieda mit dem Ruf: Wie weit bist du? Um sechs Uhr ist Bescherung!

Das schaffe ich nicht, rufe ich zurück, ich kann ja den Baum nicht übers Knie brechen.

Wir haben zu Hause, sagt die Frieda, immer um sechs Uhr die Bescherung gehabt.

Wir haben die Bescherung, sage ich, immer um halb acht gehabt.

Wir haben sie um sechs gehabt, sagt die Frieda.

Um sechs Uhr schon Bescherung, sage ich, warum dann nicht schon gleich um vier oder im Oktober.

Wir haben die Bescherung immer um halb acht gehabt, manche Leute haben ja die Bescherung erst am anderen Morgen.

Und wann sollen wir essen, fragt die Frieda. Nach der Bescherung, sage ich.

Also um 9.00 Uhr, sagt die Frieda, bis dahin sind wir ja verhungert. Wer hat übrigens das Marzipan gegessen, das hier auf der Truhe lag?

Ich nicht, ruft die kleinere Frieda aus der Küche.

Also, sagt die Frieda, also, wenn du jetzt nicht den Baum in einer Viertelstunde fertig hast, dann könnt ihr euch eure Bescherung sonst wo hinstecken!

Vielleicht fängt schon mal einer an zu singen, sage ich, desto leichter geht mir der Baum von der Hand. Und alle ästhetischen Überlegungen nun über den Haufen werfend, überschütte ich den schönen Baum mit allem, was wir haben, so daß man schließlich vor lauter Glanz und Gloria keinen Baum mehr sieht, und die Frieda kommt herein und sagt: Nun hast du's ja doch wieder so gemacht wie im vorigen Jahr, das nächste Mal schmücke ich den Baum!

Ja, sage ich, wenn ihr mir keine Zeit lasst, dann kann natürlich kein Kunstwerk entstehen.

Nun steh hier mal nicht im Weg, sagt die Frieda, geh jetzt mal raus, ich muß nämlich jezt hier die Geschenke packen und aufbauen!

Ja, wo soll ich denn hingehen, frage ich, darf ich vielleicht ins Wohnzimmer?

Nein, ruft da meine Schwägerin, die inzwischen eingetrudelt ist, daß mir keiner ins Wohnzimmer kommt, ich bin noch nicht fertig. Und in die Küche darf ich auch nicht, da bastelt nämlich die kleinere Frieda noch an diesen entzückenden Kringelschleifchen für jedes Päckchen herum.

Die Frieda kommt aus dem Christbaumzimmer und sagt: Augen zu! Ich halte mir die Augen zu und sage: Ins Bad nur über meine Leiche, da hab ich nämlich meine Geschenke versteckt!

Und so geht das die ganze nächste halbe Stunde: Dreh dich mal um, guck nur nicht unter den Teppich, wer hat den Schlüssel vom Kleiderschrank, ich brauche noch geschmackvolles Weihnachtspapier, der Klebestreifen ist alle, willst du wohl von der Tür da weggehen, such lieber mal die Streichhölzer, meine Mutter hat das alles alleine gemacht, das ist gemein, du hast geguckt, die paar Minuten wirste wohl noch warten können.

Bis es dann endlich so weit ist, aber selbst dann kommt bei uns keine Ordnung zustande, dann heißt es nämlich:

Wer packt zuerst aus? Du! Nein, ich nicht, zuerst das Kind, dann du. Nein, du dann. Wieso ich? Also, dann du und dann ich. Ich zuletzt, bitte.

Nun werden Sie vielleicht fragen, mit Recht fragen: Wird denn bei Ihnen gar nicht gesungen, wird denn bei Ihnen nur eingepackt und ausgepackt?

Doch, doch natürlich, eine Strophe wird schon gesungen, aber dann fällt das Singen meist auseinander. Aber wissen Sie, beim Einpacken und Auspacken, da sind wir alle so nervös und verlegen, dabei merkt man die Liebe und den Frieden und den Menschen ein Wohlgefallen viel stärker als beim Singen. Und auch der Baum, der kann dann sein, wie er will, groß oder klein, dürr oder dicht, bunt oder schlicht, die Frieda sagt dann jedesmal – auch dieses Mal – wieder:

Also, der Baum ... also, der Baum ... der Baum ist
wunderschön!!!

Hanns Dieter Hüsch
(geb. 1925 in Moers – gest. 2005 in Werfen)
Eigentlich wollte er Opernregisseur werden. Ende der Vierzi-
gerjahre begann Hanns Dieter Hüsch seine Karriere als Kaba-
rettist. Sein szenisches Können zeigt sich auch in der vorliegen-
den Weihnachtsgeschichte.

WEIHNACHT

Weihnachten? O! Das wird den schlechtesten Auf-
satz geben; denn über etwas so Süßes kann man nur
schlecht schreiben. – In den Straßen, in den Hausgän-
gen, auf den Treppen, in den Zimmern roch es nach
Orangen. Der Schnee lag dick draußen. Weihnachten
ohne Schnee wäre unerträglich. Am Nachmittag lie-
ßen sich zwei erbärmlich dünne Stimmchen vor unserer Haustüre vernehmen. Ich ging, um zu öffnen.
Ich wußte, es waren arme Kinder. Ich sah sie ziemlich lange und herzlos an. „Was wollt ihr?" fragte ich
sie. Da weinte das kleine Mädchen. Es tat mir leid,
so barsch gewesen zu sein. Die Mutter kam, schick-
te mich weg und gab den Kindern kleine Geschenke.
Als der Abend kam, hieß mich die Mutter ins schöne
Zimmer eintreten. Ich tat es mit Zittern. Ich gestehe,
ich hatte eine gewisse unerklärliche Angst vor dem
Beschenktwerden. Meine Seele fragt Geschenken

nichts nach. Ich ging hinein, die Augen schmerzten
mich, als ich in das Meer von Licht und Lichtern trat.
Ich saß vorher lange im Dunkeln. Der Vater saß da,
im ledernen Lehnstuhl, und rauchte. Er stand auf
und führte mich artig zu den Geschenken. Es war
mir sehr unbehaglich. Es waren die hübschesten Sachen, die ein Auge und ein Herz erfreuen konnten.
Ich lächelte und versuchte etwas zu sagen. Ich streck-
te dem Vater die Hand hin und sah ihn dankbar an.
Er fing an zu lachen und mit mir zu plaudern, über
die Geschenke, ihre Bedeutung, ihren Wert und über
meine Zukunft. Ich ließ mir nicht anmerken, was mir
das für ein Vergnügen machte. Die Mutter kam und
setzte sich zu uns. Ich fühlte das Bedürfnis, ihr etwas Liebes zu sagen, brachte es aber nicht über die
Lippen. Sie merkte, wo ich hinaus wollte und nahm
mich nahe zu sich und küßte mich. Ich war unsäglich glücklich und froh, daß sie mich verstanden hatte. Ich schmiegte mich eng an sie und schaute in ihre
Augen, die voll Wasser waren. Ich sprach, aber es hatte keinen Ton. Ich war so glücklich, daß ich auf diese
schönere Weise mit meiner Mutter sprechen konnte.
Hernach waren wir sehr lustig. Es wurde Wein aus
zierlich geschliffenen Gläsern getrunken. Das brachte Fluß und Lachen in die Unterhaltung. Ich erzählte von der Schule und von den Lehrern, indem ich
besonders ihre komischen Seiten hervorhob. Man
verzieh mir gern meine Ausgelassenheit. Die Mutter
ging ans Klavier und spielte ein einfaches Lied. Sie
spielt ungemein zart. Ich rezitierte ein Gedicht. Ich
rezitiere ungemein schlecht. Die Magd kam herein

und brachte Kuchen und köstliches Backwerk (Rezept der Mutter). Sie machte ein dummes Gesicht, als sie beschenkt wurde. Sie küßte aber artig meiner Mutter die Hand. Mein Bruder hatte nicht kommen können, das bedauerte ich lebhaft. Unser Hausdiener, der alte Fehlmann, bekam ein großes geschlossenes Paket; er lief hinaus, um es zu öffnen. Wir lachten. Weihnachten ging so still vorüber. Wir saßen endlich ganz allein beim Wein und sprachen ganz wenig. Danach verstrich die Zeit rasch. Es war zwölf Uhr, als wir uns erhoben, um ins Bett zu gehen. Am andern Morgen sahen wir alle ziemlich müde aus. Der Weihnachtsbaum ebenfalls. Nicht wahr, das alles ist schlecht geschrieben? Aber ich habe es wenigstens vorausgesagt, und so kann der Vorwurf mich nicht in Erstaunen setzen.

Robert Walser
(geb. 1878 in Biel – gest. 1956 nahe Herisau)
Passionierter Spaziergänger und literarischer Sonderling.

WEIHNACHTSBRIEF

Wie es Dir wohl heute Abend geht, mein Süßer, ob Dir ebenso zu Mut ist wie mir? Müde, matt und sehnsüchtig. Mir tut das Herz so weh, und ich kann die Gedanken kaum entwirren, die auf mich eindringen. Es ist mir so sonderbar, dass heute Weihnachtsabend ist – und dass mir das jetzt nichts mehr ist, was mein Herz früher mit Seligkeit füllte. Die früheren Weihnachten in Husum steigen vor mir auf. O könnte ich den märchenhaften Zauber noch einmal fühlen, der jetzt auf immer dahin ist. Wenn wir erst im Dunkeln zur Kirche gingen, und wie feierlich und schön war es, in der erleuchteten Kirche mit zwei Weihnachtsbäumen; nachher in atemloser Spannung warteten – in ganz alten Zeiten, als Theodor noch lebte – saßen wir alle in der dunklen Kinderstube vor der Tür, bis es klingelte. Dann im Saal mit zwei Riesenbäumen. Alles so hell, dass man vollkommen geblendet wurde – ach, es war alles so schön. Weihnachten war für mich einer der seltenen Momente, wo ich mich nicht zurückgesetzt fühlte, wo ich mit den andern gleich behandelt wurde, überhaupt der Höhepunkt von Glückseligkeit, wo alle Bitterkeit für den Augenblick verschwunden war. Könnte man noch einmal wieder als Kind, als gläubiges Kind den Wonneschauer des Weihnachtsabends fühlen!

Franziska zu Reventlow
(geb. 1871 in Husum – gest. 1918 in Locarno)
Die „Schwabinger Gräfin" war eine schillernde Figur der Münchner Bohème um 1900. Der vorliegende Brief vom 24. Dezember 1890 richtet sich an ihren damaligen Geliebten Emanuel Fehling.

In Schachtelwänden Süssigkeiten

CHRISTGESCHENK

Mein süßes Liebchen! Hier in Schachtelwänden
Gar mannigfalt geformte Süßigkeiten.
Die Früchte sind es hei'ger Weihnachtszeiten,
Gebackne nur, den Kindern auszuspenden!

Dir möcht' ich dann mit süßem Redewenden
Poetisch Zuckerbrot zum Fest bereiten;
Allein was soll's mit solchen Eitelkeiten?
Weg den Versuch, mit Schmeichelei zu blenden!

Doch gibt es noch ein Süßes, das vom Innern
Zum Innern spricht, genießbar in der Ferne,
Das kann nur bis zu dir hinüberwehen.

Und fühlst du dann ein freundliches Erinnern,
Als blinkten froh dir wohlbekannte Sterne,
Wirst du die kleinste Gabe nicht verschmähen.

Johann Wolfgang von Goethe

WAS EUCH DER HEILI-
GE CHRIST BESCHERT

Weihnachten rückte heran und schon die ganze Woche vorher hieß es „aber *diesmal* wird es eine Freude
sein ... so was Schönes", und wenn ich dann mehr
wissen wollte, setzte die gute Schröder hinzu: „gerade was du dir gewünscht hast ... Die Mama ist viel zu
gut, denn eigentlich seid ihr doch bloß Rangen."
„Aber was is es denn?"
„Abwarten."
Und so, fieberhaft gespannt, sahen wir dem Heiligabend entgegen. Endlich war er da. Wie herkömm-
lich verbrachten wir die Stunde vor der eigentlichen
Bescherung in dem kleinen, nach dem Garten hinaus gelegenen Wohnzimmer meines Vaters, das ab-
sichtlich ohne Licht blieb, um dann den brennenden
Weihnachtsbaum, den meine Mama mittlerweile zu-
rechtmachte, desto glänzender erscheinen zu lassen.
Mein Vater unterhielt uns während dieser Dunkel-
stunde, so gut er konnte, was ihm jedes Mal blutsau-
er wurde. Denn wiewohl er unter Umständen, wie
vielleicht nur allzu oft hervorgehoben, in reizendster
Weise mit uns plaudern und uns durch freie Einfäl-
le, die wir verstanden oder auch nicht verstanden, zu
vergnügen wusste, so war er doch ganz unfähig, etwas einer bestimmten Situation Anzupassendes, also
etwas für ihn mehr oder weniger Zwangsmäßiges,
leicht und unbefangen zum Besten zu geben. Sonst
ein so glücklicher Humorist, konnte er den richti-

gen Ton bei solchen Gelegenheiten nie treffen. Am
Weihnachtsabend trat dies immer sehr stark hervor.
Er sagte dann wohl zu sich selbst, fast als ob er sich
auf eine richtige Stimmung hin präpariere: „Ja, das
ist nun also Weihnachten ... An diesem Tage wurde der Heiland geboren ... ein sehr schönes Fest ...“,
und hinterher wiederholte er all diese Worte auch
wohl zu uns und sah uns dabei mit zurechtgemachter
Feierlichkeit an. Aber eigentlich schwankte er bloß
zwischen Verlegenheit und Gelangweiltsein, und
wenn dann zuletzt die Klingel der Mama das Zeichen
gab und wir, nach dreimaligem Ummarsch um einen
kleinen runden Tisch und unter Absingung eines an
Plattheit nicht leicht zu übertreffenden Verses:
„Heil, Heil, Heil,
Heil, dreifacher Segen,
Strahl’, o heller Lichterglanz,
Unsrem Fest entgegen“
über den Flur fort in das Vorderzimmer einmar-
schierten, war er, mein Vater, wo möglich noch fro-
her und erlöster als wir, die wir bis dahin doch bloß
vor Ungeduld gelitten hatten.
So war es auch an dem hier zu schildernden Weihnachtsabend wieder. Unser Einmarsch, unter Absingung obiger Strophe, war eben erfolgt, und verwirrt
und befangen standen wir, auf den Baum starrend,
um die Tafel herum, bis die Mama uns endlich bei
der Hand nahm und sagte: „Aber nun seht euch doch
an, was euch der Heilige Christ beschert hat. Hier
das“, und diese Worte richteten sich speziell an mich,
„hier das unter der Serviette, das ist für dich und dei-

nen Bruder. Nimm nur fort." Und nun zögerten wir
auch nicht länger und entfernten die Serviette. Was
obenauf lag, weiß ich nicht mehr, vielleicht zwei große Pfefferkuchenmänner oder Ähnliches, jedenfalls
etwas, was uns enttäuschte. „Seht nur weiter", und
nun nahmen wir, wie uns geheißen, auch das zweite
Tuch ab. Ah, das verlohnte sich. Da lagen, gekreuzt,
zwei schöne Korbsäbel, also genau das (die gute
Schröder hatte recht gehabt), was wir uns so sehnlich
gewünscht hatten. Und so stürzten wir denn auf die
Mama zu, ihr die Hände zu küssen. Aber sie wehrte uns ab und sagte auch diesmal wieder: „seht nur
weiter", und in einem Aufregezustand ohnegleichen,
denn was konnte es nach diesem Allerherrlichsten
noch für uns geben, wurde nun auch die dritte Serviette fortgezogen. Aber, alle Himmel, was lag da! Ein
aus weißem und rotem Leder geflochtener Kantschu,
der damals, ich weiß nicht unter welcher sprachlichen
Anlehnung, den Namen Peserik führte. Meine Mutter
hatte erwartet, unsere Freude durch diese scherzhaf-
te Behandlung des Themas gesteigert zu sehen. Aber,
nach der Freudenseite hin, gingen meine Gedanken
und Gefühle durchaus *nicht*. Ganz im Gegenteil. Ich
war einfach außer mir und lief in den Garten hinaus,
um da wieder zu mir selbst zu kommen, was freilich
nicht glücken wollte. Die Weihnachtsfreude war hin,
war an einem gut gemeinten, aber verfehlten Scher-
ze gescheitert. Hatte ich unrecht? Ich glaube, nein.
Jedenfalls, wie ich die Sache vor 60 Jahren ansah, so
sehe ich sie noch heute an. Es lag diesem Einfall eine
volle Wesens- und Charakterverkennung zugrunde.

Für andere hätte es vielleicht gepasst, für mich nicht. Ich erinnere mich, vor vielen Jahren einmal, in einem Bogumil-Goltzschen-Buche, das den Titel führte: „Aus meiner Kindheit" (oder so ähnlich), gelesen zu haben, er, der Verfasser, sei jedes Mal glücklich gewesen, wenn der Peserik seiner Mutter aus aller Macht über ihn gekommen sei. „Um jeden Schlag schade, der vorbeiging." Natürlich kann auch nach diesem Prinzip erzogen werden, und ich will gern einräumen, dass dabei prächtige, urkräftige Jungen heranwachsen können, die für die Zukunft mehr Tüchtigkeit versprechen, und dies Versprechen auch halten, als solch empfindsames, von allerhand Eitelkeiten beherrschtes Bürschchen, wie ich eines war. Aber wenn dies auch dreimal richtig wäre, so bliebe dieser Erziehungseinfall – denn etwas Erzieherisches sollte es im Letzten doch sein – in meinen Augen immer noch ebenso verfehlt. Ich konnte mich doch nicht plötzlich umwandeln; ich blieb, meinetwegen leider, genau derselbe Empfindling, der ich war, nichts an und in mir wurde besser, ich hatte nichts davon als eine Kränkung und ein verdorbenes Fest. Es gibt nun mal verschiedene Naturen, und wenn es geboten sein mag, schwächer Ausgestattete zu kräftigen und zu stählen, auch wenn es diesen zunächst wehtut, so ist doch, von den sonstigen Schwierigkeiten der Sache ganz abgesehn, die Stunde, wo der Weihnachtsbaum angezündet wird, sicherlich nicht der Zeitpunkt dafür. Es soll an diesem Abend nicht erzogen, sondern erfreut werden, und der, dem diese Aufgabe zufällt und der sich ihr noch dazu freudig und liebevoll zu

unterziehen trachtet, der muss sich doch notwendig
die Frage vorlegen, ob der zu Erfreuende an dem,
wodurch man ihn erfreuen will, auch wirklich eine
Freude haben kann.

Überhaupt, der Abend, an dem dies spielte, war kein
rechter Glücksabend.

Es gibt eine kleine Geschichte, die sich, wenn ich
nicht irre, „die Pantoffeln des Kasan" betitelt. Gerade damals musste ich diese, die mutmaßlich aus
Tausendundeiner Nacht herübergenommen war, aus
meinem französischen Lesebuch übersetzen. Es han-
delt sich darin um ein paar hübsche Pantoffeln, die jeder gerne haben möchte; sobald er sie aber hat, bringen sie ihm bloß Unglück. Ähnlich erging es mir mit
den Korbsäbeln, – ich wollte sie haben, und als ich sie
hatte, brach das Unheil über mich herein. Allerdings
war mir bis zum Eintritt der eigentlichen Katastro-
phe noch eine kurze Frist gegönnt, während welcher
ich mich – nach Überwindung des ersten Ärgers
am Weihnachtsabend selbst – wenigstens zeitweilig
noch in der Vorstellung wiegen durfte, mich meines
Weihnachtsgeschenkes freuen zu können. Dies hatte seinen Grund in Folgendem. Es war schon Jahr
und Tag, dass ich, modern zu sprechen, auf nichts
Geringeres als auf eine Armeeorganisation hinarbei-
tete. Doublierung meiner Streitkräfte wäre mir natürlich das Liebste gewesen, da sich das aber verbot,
so war ich auf Neubewaffnung und mit Hülfe dieser
auf eine neue Taktik, überhaupt auf ein neues Heer-
und Kriegssystem aus. Der bis dahin in meiner aus-
schließlich mit Speer oder Lanze bewaffneten Trup-

pe vorherrschende Gedanke war, weil ich eine heilige Scheu vor ausgestoßenen Augen hatte, durchaus auf Defensive gerichtet gewesen und hatte von Anfang an zu der Weisung geführt, in kritischen Momenten immer nur, mit Rücken an Rücken, die Speere vorzustrecken, also das zu bilden, was in der Landsknechtzeit ein Igel genannt wurde. Danach war dann auch jederzeit verfahren worden. Aber jetzt, wo die zwei Korbsäbel da waren, war es mir klar, dass es mit dem alten System vorbei sein müsse. Das beständige Stillstehen und Abwarten des feindlichen Angriffs war langweilig und unmännlich zugleich. Und so wurde denn beschlossen, bei der gesamten Truppe statt des Speeres den ganz auf Attacke gestellten Korbsäbel und statt des unbequemen hohen, viereckigen Schildes einen kleinen Rundschild einzuführen, nur gerade groß genug, das Gesicht zu decken. Es glückte das auch alles. Die Beschaffung der Säbel wurde mit Hülfe verschiedentlich erneuten Vorgehens gegen die mütterliche Wirtschaftskasse durchgesetzt, und die Herstellung der Rundschilde war meine Sache. Lange bevor Ostern da war, war, was Bewaffnung angeht, der Übergang aus dem einen System ins andere bewerkstelligt. Ich versprach mir viel davon und der Umstand, dass die jeden Mittwoch- und Sonnabendnachmittag nach wie vor von uns bezogenen „Campernents" ohne Störung oder Angriff vonseiten unserer Feinde – trotzdem sich etliche große, halbwachsene Jungen mit schottischen Mützen unter ihnen gezeigt hatten – verstrichen waren, bestärkte mich darin, dass wir angefangen hätten, der uns

feindlichen Straßenjungenwelt zu imponieren. Eine
Weile blieb ich auch noch in dieser Täuschung. Aber,
wie schon angedeutet, auch wirklich nur eine kleine
Weile.

Theodor Fontane
(geb. 1819 in Neuruppin – gest. 1898 in Berlin)
Neben Reiseberichten und seinen großen Romanen wie „Effi
Briest" oder „Der Stechlin" schrieb Theodor Fontane auch den
autobiografischen Roman „Meine Kinderjahre", dem unser
Text entnommen ist.

DIE LEONIWURST

Als ich klein war, gab es nur weiße Weihnachten,
frostklirrend, staubschneeglitzernd – zumindest hat
meine Kindheitserinnerung kein anderes Bild ge-
speichert. Einer dieser Winter muss unserer Stadt
tatsächlich gewaltige Schneemassen beschert haben,
es mag 1947 gewesen sein, ich war noch nicht in der
Schule. Alles, was es an Verkehr gab, war lahmge-
legt von einer stetig weiterwachsenden Schneedecke,
die unterfüttert war von brockigen Eisschollen, denen keine Schneeschaufel mehr beikommen konnte.
Die Abgrenzungen zwischen Trottoir und Fahrweg
verwischten sich, die Halden von Kriegsschutt neben
den Gehsteigen waren weiß überwölbt, die Stadt hatte sich in eine bizarre Märchenwelt verwandelt.

Durch eine solche Feenlandschaft zog ich, so um den
zweiten Advent, wieder mal meinen Schlitten vom
Rodelberg nach Hause, die Hände erstarrt in den
steif gefrorenen Wollfäustlingen, als mir eine wuch-
tige Gestalt den Weg versperrte. Erst nach mehreren
Sätzen kam mir die Stimme des vermummten Rie-
sen bekannt vor. Entstellt durch Fellmütze und Lo-
denmantel, wo ihn sonst Kittel und Kappe kenntlich
machten, war er auch noch um mehr als die Hälfte
nach unten verlängert, was mich verwirrte. Übli-
cherweise sah ich ihn ja nur von der Taille aufwärts,
so viel eben von unserem Metzgermeister Bösl über
den Ladentisch hinausragte.

Er müsse noch ein paar Körbe voll Ware in die Filiale
liefern, hörte ich ihn sagen, aber bei den Schneemassen könne man den Lieferwagen keinen Zentimeter
bewegen. Und zum Schleppen seien die Körbe nun
wirklich zu schwer. „Ich denk", sagte der Herr Bösl
jetzt gerade mit seiner doch unverkennbaren Laden-
stimme, „wenn du so zwei-, dreimal mit deinem
Schlitten hin- und hergehst, dann hätten wir das
Ganze schnell transportiert."

Mir blieb die Luft weg. Dieser mächtige Mensch, dieser Leberkäs-Großfürst und Gönner einer gelegent-
lichen Extrawurst, hatte mich soeben gebeten, ihm
aus der Klemme zu helfen! Ich schwebte auf Wolken. Das brave Kind jener Jahre fand ja nicht wie die
späteren Kids ein tägliches Geschenk im üppig be-
stückten Adventskalender, es war vielmehr gehalten,
seinerseits täglich durch „gute Taten" das Christkind
geneigt zu machen, ihm das eine oder andere Päck-

chen unter den Christbaum zu legen. In Kirchen und Kindergärten konnte man sogar eigens dafür hergerichtete Strohhalme für geleistete Guttaten in die Krippe legen: Je mehr davon zusammenkamen, desto weicher hatte es das Jesulein am Heiligen Abend.

Bei meiner Hilfsaktion für die Metzgerei Bösl musste doch einiges an christkindlicher Geneigtheit zusammenkommen! Dreimal zog ich meinen Schlitten hin und her zwischen den beiden Läden. Die Körbe waren schwer. Ich beeilte mich, so gut es ging, und gönnte mir nicht mal vor der Auslage der Puppenklinik eine Verschnaufpause, obwohl ich zu gern nachgeprüft hätte, ob das Klo mit Wasserspülung für mein Puppenhaus noch im Fenster lag; für den Fall, dass das Christkind grad meine Aktion beobachtete …

Als ich die dritte Korbladung in der Filiale abgeliefert hatte, kam die große Überraschung. Bösl junior fragte mich, welche Wurst ich am liebsten hätte. Ich wünschte mir ein „Radl Leoni". Da griff der Franz in den gerade gelieferten Korb, nahm einen ganzen Ring „Lyoner Wurst" heraus und überreichte ihn mir! Einen ganzen Ring Leoni!

Mein Heimweg vollzog sich hüpfend. Deutlich sah ich die Gesichter vor mir, die Mutter, Tante, Onkel und Cousine beim Anblick der riesigen Wurst machen würden. Schon an der Haustür läutete ich Sturm, preschte die Treppe hinauf und fand mich wider Erwarten vor verschlossener Tür. Immerhin lag der Schlüssel unter der Fußmatte.

Ich schälte mich aus meinen eisbeklunkerten Kleidern, und da sich auch jetzt noch nichts im Haus

rührte, packte ich meine Spielzeugkiste aus und zeigte dem Bären Max und den übrigen kleinen Gefähr-
ten die wunderbare Wurst. Sie waren begreiflicher-
weise begeistert, besonders der Max. „Und dann hat
der Franz mir noch frohe Weihnachten gewünscht",
erzählte ich ihm gerade – da kam mir die herrlichste
Weihnachtsidee.

Draußen drehte sich hörbar ein Schlüssel. Blitzschnell wickelte ich den Lyoner Ring in die Decke
der Babypuppe, verstaute das Bündel zuunterst in
der Spielzeugkiste und deckte es mit Puppen und
Plüschtieren zu. Nur den Max behielt ich im Arm,
damit Mutter gleich sah, weshalb die Kiste nicht
mehr im Schrank stand. Sie war außer Atem: die
Straßenbahn war im Schnee stecken geblieben.

Als ich an diesem Abend ins Kinderschlafzimmer
ging, durfte der Max ausnahmsweise nicht mit ins
Bett. Ich verstaute die Spielzeugkiste im Schrank
und legte den Bären obenauf. Als Wächter. Mutter
schlief schließlich im selben Zimmer. Mit Max und
der Wurst.

Wie lange es dauerte, bis mein Geheimnis ruchbar
wurde, weiß ich nicht mehr. Vier, fünf Tage? Auf
jeden Fall muss meiner Mutter beim Öffnen des
Schranks ein verdächtiges Aroma in die Nase gestie-
gen sein, dem sie nachging. Die Überraschung war
groß, die Rührung noch größer, als ich ihr die Geschichte erzählte. Die ganze Familie scharte sich um
das Wurstwunder in der Spielzeugkiste und freute
sich lautstark über das fabelhafte Weihnachtsgeschenk. Nur meine Cousine rümpfte die Nase: Die

große schöne Wurst, sie war gerade noch essbar – allzu pingelig durfte man damals nicht sein. Eine gut gepfefferte Kartoffelsuppe verdeckte den Hautgout. Aber noch tagelang tat es mir leid um die vereitelte Überraschung unter dem Christbaum. Die Vorstellung allerdings, dass sich bis zum Heiligen Abend weiße Maden aus der Wurst in Max und die Puppen hinübergefressen hätten, war umso scheußlicher, dass ich doch dankbar war für die rechtzeitige Entdeckung. Meine Cousine hatte mir die zu erwartende Ekelinvasion aufs Grässlichste ausgemalt und ihren Vortrag mit dem Biologiebuch plastisch belegt. Das Klo mit Wasserspülung war an Weihnachten in meiner Puppenküche installiert. Das Christkind musste von meiner guten Tat Wind bekommen haben. Oder es hatte die Wurst gerochen.

Brigitta Rambeck
Die Literaturwissenschaftlerin lebt als freischaffende Künstlerin in München und hat schon mehrere Weihnachtsanthologien herausgegeben.

EIN WEIHNACHTS-GESCHENK VON VÄTERCHEN FROST

„Wer ist der Mann auf dem Bild?", fragte ich Frieda. – „Welcher?" – „Der mit dem Schnurrbart. Ist das Väterchen Frost?" – „Das ist Stalin." – „Wohnt der auch hier?" – „Nein." – „Wo denn?" – „In Moskau", antwortete sie. – „Aha, in Moskau", sagte ich.

Frieda hatte noch keine Apfelsinen ergattert. Eine Tatsache, die sie nicht ruhen ließ. Es war kurz vor Weihnachten, und sie hatte es sich in den Kopf gesetzt, die ‚bunten Teller' mit einer Südfrucht zu krönen. Weder im Konsum noch in der HO war sie fündig geworden – und in den kleinen privaten Läden, die außer schlappen Kohlköpfen wenig anzubieten hatten, schon gar nicht. Frieda fragte routinemäßig in jedem Geschäft, an dem sie vorbeikam, nach Apfelsinen. Meist guckten die Verkäuferinnen missmutig unter ihren weißen Verkäuferinnen-Häubchen hervor. „Apfelsinen, bei uns? Nein, nicht, dass ich wüsste." Manche brachten immerhin ein gequältes Lächeln zustande oder zuckten einfach hilflos mit den Schultern. Eine Geste, die eigentlich alles sagte …

Friedas Fragerei war also wirklich abwegig. Denn hätte es tatsächlich Südfrüchte oder eine andere Mangelware gegeben, dann wäre da eine Schlange von Leuten bis auf die Straße hinaus gestanden, sodass jeder, der vorbeikam, gleich Bescheid gewusst hätte, wirklich, jedes Kind sogar. Und deswegen war mir die Tour mit meiner Großmutter ziemlich peinlich. Sie ließ sich aber nicht abbringen davon. „Es ist ein Spiel. Wollen wir mal wetten, ob wir heute Apfelsinen erwischen oder nicht?" – „Nein!" Aber das überhörte sie.

„Was man sich vorgenommen hat, soll man nicht so leicht aufgeben." Ich nickte. Auf Apfelsinen war ich gar nicht so versessen. Oder musste man das sein, weil sie so selten waren? Wir aßen sogar die Schalen, klein geschnitten und mit Zucker bestreut, um nichts zu verschwenden.

Aber Apfelsinen bedeuteten mehr. Apfelsinen kamen von weit her, aus fernen Ländern: wo sich Palmen im Wind wiegten. Wo es Tiger gab, Elefanten und Zebras. Wo es immer warm war. Wo niemand Kohlemarken brauchte oder Wintermäntel. Wo man im Meer baden konnte. Apfelsinen waren Glücksbälle. Orangefarbene Verheißungen von anderswo. Sonnenkugeln in unseren Händen. Deshalb wollte sie Frieda unbedingt. Als ein Zeichen. Das begriff ich erst später, viel später. An diesem Tag in der Vorweihnachtszeit jedenfalls nicht. Und sie vielleicht auch nicht, sonst hätte sie mir sicher was gesagt.

Ich tappte mit wenig Begeisterung weiter mit. Was blieb mir anderes übrig? Um mich aufzumuntern, versuchte ich mir auszumalen, was in dem Paket sein könnte von Onkel Alwin aus dem Westen. Hoffentlich war auch für mich was drin … Letztes Jahr hatte er mir einen winzig kleinen künstlichen Weihnachtsbaum geschickt, mit allem Drum und Dran – bunten

Kugeln, roten Kerzen und einer silbrigen Spitze sogar. „Wenn man nicht dran glaubt, wird auch nichts
draus", orakelte Frieda weiter. „Für alles, was du haben willst, musst du kämpfen!" Ihre Augen blitzten.
Auf einmal kam sie mir ziemlich fremd vor. Erschrocken griff ich nach ihrer Hand.

„Noch ein Geschäft, ja? Dann sind wir alle durch."
Ihre Stimme klang erstaunlich munter für all die
Schlappen, die sie heute schon erlitten hatte. Der
umgehängte Fuchskragen – aus Friedenszeiten – gab
Frieda das Aussehen einer vornehmen Dame. Ich tip-
pelte wie Aschenputtel neben ihr her, mit gesenktem
Blick, als gälte es, die Linsen zu finden, die die böse
Stiefmutter in die Asche geschüttet hatte …

Als wir im Begriff waren, auch den letzten Laden
unverrichteter Dinge wieder zu verlassen, hatte die
Verkäuferin bereits begonnen, emsig im hinteren
Teil des Ladens herumzuwirtschaften, als gäbe es
da jede Menge Unaufschiebbares zu tun. Ganz un-
vermittelt rief sie uns nach: „Beim VEB Backwaren
gibt es Dresdner Stollen!" – „Danke", sagte Frieda
knapp, „ich backe selber." Das mit den Genossen,
die sich ihretwegen die Zähne ausbeißen könnten an
den Stollen vom VEB Backwaren, hörte außer mir
zum Glück keiner. Frieda zischte wie die Schlange im
Weihnachtsmärchen. Ihr Unmut galt den „Lügnern
in Berlin", den „Banditen in Moskau". Und dann ging
es gegen den Kommunismus im Allgemeinen und die
falschen Versprechungen im Besonderen. Wer hatte
denn Apfelsinen versprochen? Und wo stand das ge-

schrieben? Auf den Spruchbändern jedenfalls nicht,
die an allen Ecken und Enden der Stadt hingen, und
die ich leidenschaftlich studierte, seit ich lesen konnte. Oder war es umgekehrt: Konnte ich lesen, weil
es überall Aufschriften gab, die es zu entziffern galt?
Die Parolen riefen jedenfalls jeden auf, für den Welt-
frieden zu kämpfen. Oder sie prophezeiten den Sieg
über den Kapitalisten. Um Apfelsinen ging es eigentlich nie. Denn damit hätte ich ja sofort etwas anfangen können, während ich mir das mühsam gemerkte
Wort „Kapitalisten" von meinem Onkel, der sich gut
auskannte mit „politischen Sachen", erklären lassen
musste.

„Kapitalisten", hatte er erwidert, „sind Leute, die
arme Länder ausbeuten, die Menschen dort schlecht
behandeln und ihnen ihre Produkte – beispielswei-
se Kakao, Tabak oder Apfelsinen – wegnehmen, um
sie teuer zu verkaufen." Deshalb weigerte er sich
standhaft, Schokolade, Zigaretten, Kaffee oder eben
Apfelsinen auch nur zu kosten. Denn die kamen
schließlich aus dem Westen, von den Kapitalisten
also. „Kamel", sagte Frieda dann immer verächtlich,
wenn er weg war. „Was du dich nur aufregst", knurr-
te Heinrich aus seinem Sessel heraus, in dem er es
sich bei einer Tasse Kaffee aus dem Westen und dem
„Eulenspiegel" aus dem Osten gerade gemütlich machen wollte. „Du hättest deiner Tochter ja verbieten
können, einen Kommunisten zu heiraten." – „Was
heißt denn hier meine Tochter? Du warst wohl nicht
mit von der Partie?"

Immerhin räumte Frieda gerechtigkeitshalber ein,
dass ihr Schwiegersohn wenigstens kein „Hallodri"
sei, so wie Heinrich einer gewesen sei, einer also, der
viel Geld für Zigarren, Motorräder und Pferderennen ausgegeben habe und seinen Lehrmädchen hin-
terhergelaufen sei. Jedes Mal, wenn ich mir vorstellte,
wie mein Großvater mit wehendem weißem Friseur-
mantel aus dem Laden stürzte, um Lehrmädchen
hinterherzulaufen, musste ich laut loslachen. Aber
die Zeiten hatten sich ja längst geändert. Von Lehrmädchen konnte keine Rede mehr sein. Wovon hätte
er sie auch bezahlen sollen, wenn er für einen Haar-
schnitt nur 75 Pfennige bekam? Das Motorrad war
gestohlen worden. Und die Pferderennen hatten die
Kommunisten abgeschafft. Das war nun ausnahmsweise mal in Friedas Sinne … Blieben also nur die Zigarren. „Ein furchtbares Laster", stöhnte sie, „dieser
Gestank!" Und riss sofort irgendein Fenster sperr-
angelweit auf. Leicht konnte es Frieda keiner recht
machen. Mir schon. „Komm, wir gehen zu Weirichs",
schlug sie vor. Und ich hüpfte vor Begeisterung. Weirichs Papierladen war mein Lieblingsgeschäft zu jeder Jahreszeit, und ganz besonders zu Weihnachten.
Da verwandelte es sich nämlich in eine glitzernde
Zauberhöhle. Sterne aus Goldpapier schwebten von
der Decke herab. Selig lächelnde Engel mit echtem
Engelshaar hielten winzige Kerzen in ihren durch-
sichtigen Wachshändchen. Schneebestäubte Glas-
kugeln baumelten an Tannenzweigen. Und an der
Kasse stand ein Korb mit ausgehöhlten vergoldeten
Walnüssen, in denen kleine Zettel steckten mit Ver-

sen drauf, die Herr Weirich eigenhändig mit grüner Tusche geschrieben hatte. „Eine Heidenarbeit!", die ihm aber doch sehr viel Spaß machte. Er schenkte mir drei goldene Nüsse und wickelte sie sorgfältig in raschelndes Seidenpapier. Oh, Weihnachten! Ob es schneien würde? Herr Weirich meinte, ja. Seine Frau brachte heißen Holundersaft mit Honig.

Die Apfelsinen hatte ich fast vergessen. Frieda nicht. „Warum gehen Sie nicht ins Russen-Magazin, da gibt es Apfelsinen", schlug Frau Weirich vor. „Das ist jetzt im Offiziers-Casino in der Stadthalle." Frieda sagte lahm, dass sie sich das noch überlegen müsse. Ich spitzte die Ohren … Das Russen-Magazin war ein geheimnisumwitterter Ort und das Offiziers-Casino erst recht. Nur selten durften da Deutsche rein. „Und wenn uns die Russen verhaften und nach Sibirien verschleppen?" – „Unfug", fuhr mich Frieda an. „Wer hat dir denn das erzählt, so ein Quatsch. Und sag lieber Sowjets, ja!" Und dann flüsterte sie etwas, was ich nicht verstand …

„Wo hat es eigentlich die Apfelsinen gegeben?", fragte mein Vater neugierig, als am Heiligabend die Bescherung vorüber war. „Na, im Konsum mal nicht …", konterte Heinrich. Ich sah Friedas wütenden Blick. „Ist doch egal, woher sie sind, jedenfalls schmecken sie wunderbar, kleine feste Früchte, zuckersüß." Vorsichtig hatte meine Mutter eine Apfelsine zerteilt und schob sie mir stückchenweise in den Mund. Tief im Inneren wusste ich ganz genau, wie ich mich in den nächsten Minuten zu verhalten hatte … Und doch, kaum waren die Apfelsinenschnitze verzehrt, sprangen mir die Worte einfach aus dem Mund wie die Kröten im Märchen. Ich konnte sie nicht runterschlucken, diese verflixten Worte: „Von den Russen, aus dem Russen-Magazin haben wir sie!"

Mein Onkel, der Kommunist, legte natürlich sofort los: „Ich höre immer Russen, du meinst wohl die Freunde." – „Ja, sie meint Freunde!", versuchte meine Tante ihn zu beschwichtigen. „Und warum wird hier dann dauernd von Russen geredet?" – „Niemand redet dauernd von Russen", beeilte sich mein anderer Onkel zu sagen.

„Schließlich sind sie nicht freiwillig gekommen!", bemerkte der kommunistische Onkel kühl. „Wir haben den Krieg begonnen. Sie haben uns von den Faschisten befreit. Also sind sie Freunde." – „Ich habe keine Lust auf Nachhilfeunterricht. Und außerdem ist hier niemand blöd", meinte meine andere Tante spitz. – „Das sollen Freunde sein, die uns erst die Apfelsinen, die für uns bestimmt sind, vor der Nase wegschnappen, um sie uns dann teuer zu verkaufen, wenn sie sich satt gegessen haben." Mein Vater sprach langsam, aber lauter als sonst. Alle guckten erstaunt.

„Ich bestehe darauf, dass sie zumindest als Sowjets bezeichnet werden", murrte mein Onkel. „Und ich bestehe darauf, dass wir uns vertragen. Russen, Deutsche, Sowjets, Freunde! Ruhe! Am Heiligabend wird nicht gestritten, nicht in diesem Hause. Und damit basta!" Zur Bekräftigung ihrer Worte schlug Frieda mit der flachen Hand auf den Tisch. „Die Apfelsinen sind eben einfach da, ein Weihnachtsgeschenk von Väterchen Frost", beeilte sich meine Mutter zu sagen. Was natürlich gar nicht stimmte, denn schließlich hatten wir sie ja bezahlt ... Aber ich sagte lieber nichts mehr.

Heinrich saß in einer Wolke aus blauem Rauch und schwieg ausnahmsweise. Er hatte eine Flasche vom selbst gemachten Obstwein auf den Tisch gestellt, und Frieda war aufgesprungen, um die Kristallgläser aus der Kredenz zu holen. Alle nahmen einen großen Schluck und ich einen kleinen. Dann rollte ich mich mit Puppe Sonja in eine Sofaecke und bettete sie neben mich. Sonja im nagelneuen Winteranorak aus rotem Popeline, mit einem weißen Pelzstreifen an der Kapuze, den Onkel Alwin geschickt hatte – und dazu noch Puppenkamm, Puppenbürste und Puppenspiegel aus rosa Kunststoff. „So etwas Niedliches!", hatten meine beiden Tanten gerufen und vor Begeisterung in die Hände geklatscht. „Was es nicht alles gibt, im Westen!" Meine Mutter hatte einen kleinen schwarzen Samtbeutel genäht für das Friseurzeug.

Es roch nach Apfelsinen, Weihnachten und Zigarrenrauch ... der Streit ebbte allmählich ab. Sacht getragen vom Duft- und Stimmengewoge trieb ich in den Schlaf. Wie Glöckchen klirrten die Gläser, wenn die Erwachsenen sich zuprosteten. Irgendwo wurde „O du fröhliche ..." gespielt. Meine Mutter summte leise mit. Ich spürte ihre Hand auf meiner Stirn, ihre Hand, die kühl war und nach Parfum roch. „Sie schläft", wisperte sie.

Morgen würde ich ihr vom Russen-Magazin erzählen und meinem Vater auch. Denn die beiden wollten

sicher wissen, wie es dort war … Schwere Vorhänge
aus rotem Samt, die Offiziere in Ausgehuniform und
blitzblank geputzten schwarzen Stiefeln. Manche
trugen Orden an der Brust. Die Mützen hatten sie
unter den Arm geklemmt, und einer, ein ganz junger,
lachte übermütig. Eine Frau mit kirschroten Lippen
und einem langen schwarzen Seidenkleid sang ein
russisches Lied. Es klang sehr traurig.

„Wer ist der Mann auf dem Bild?", fragte ich Frieda
im Traum noch einmal. „Welcher?" – „Der mit dem
schwarzen Bart. Ist das Väterchen Frost?" – „Das
ist Stalin." – „Wohnt er auch hier?" – „Nein." – „Wo
denn?" – „In Moskau", erwiderte sie. „Aha, in Moskau", sagte ich … Wir waren ganz benebelt vom
betäubenden Duft, der über allem schwebte. „Ro-
senparfum!", sagte Frieda. „Sie machen es aus Ro-
senblüten, es ist sehr kostbar."

„Klack, klack, klack …" Die Verkäuferin rechnete
den Apfelsinenpreis auf einer Kinderrechenmaschi-
ne aus. Blitzschnell sausten die Holzperlen hin und
her. So schnell konnte ich kaum gucken.

„Karosch", hatte sie gesagt, als sie uns die Tüte mit
den Apfelsinen über den Ladentisch schob, „karosch
…", und dabei schüchtern gelacht.

„Karosch heißt gut", hat Frieda mir zugeflüstert. Und
gut waren sie ja wirklich, die Apfelsinen, saftig und
zuckersüß – bis in meine Träume hinein.

Gabriele Bondy

EIN KIND
HAT KUMMER

Es gibt viele gescheite Leute auf der Welt, und
manchmal haben sie recht. Ob sie recht haben, wenn
sie behaupten, Kinder sollten unbedingt Geschwister haben, nur weil sie sonst zu allein aufwüchsen,
verzärtelt würden und fürs ganze Leben Eigenbrötler
blieben, weiß ich nicht. Auch gescheite Leute sollten
sich vor Verallgemeinerungen hüten. Zwei mal zwei
ist immer und überall vier, in Djakarta, auf der Insel Rügen, sogar am Nordpol; und es stimmte auch
schon unter Kaiser Barbarossa. Doch bei manchen
anderen Behauptungen liegen die Dinge anders. Der
Mensch ist kein Rechenexempel. Was auf den kleinen Fritz zutrifft, muss bei dem kleinen Karl nicht
stimmen.
Ich blieb das einzige Kind meiner Eltern und war damit völlig einverstanden. Ich wurde nicht verzärtelt
und fühlte mich nicht einsam. Ich besaß ja Freunde! Hätte ich einen Bruder mehr lieben können als
Kießlings Gustav und eine Schwester herzlicher als
meine Kusine Dora? Freunde kann man sich aussuchen, Geschwister nicht. Freunde wählt man aus
freien Stücken, und wenn man spürt, dass man sich
ineinander geirrt hat, kann man sich trennen. Solch
ein Schritt tut weh, denn dafür gibt es keine Narko-
se. Doch die Operation ist möglich, und die Heilung
der Wunde im Herzen auch. Mit Geschwistern ist

das anders. Man kann sie sich nicht aussuchen. Sie
werden ins Haus geliefert. Sie treffen per Nachnah-
me ein, und man darf sie nicht zurückschicken. Geschwister sendet das Schicksal nicht auf Probe. Zu
unserm Glück können aus Geschwistern Freunde
werden. Häufig bleiben sie nur Geschwister. Manchmal werden sie zu Feinden. Das Leben und die Romane erzählen über das Thema schöne und rührende,
aber auch traurige und schreckliche Geschichten. Ich
habe manche gehört und gelesen. Aber mitreden, das
kann ich nicht. Denn ich blieb, wie gesagt, das einzige Kind und war damit einverstanden.

Nur einmal in jedem Jahre hätte ich sehnlich gewünscht, Geschwister zu besitzen: am Heiligabend!
Am ersten Feiertag hätten sie ja gut und gerne wieder fortfliegen können, meinetwegen erst nach dem
Gänsebraten mit den rohen Klößen, dem Rotkraut
und dem Selleriesalat. Ich hätte sogar auf meine ei-
gene Portion verzichtet und stattdessen Gänseklein
gegessen, wenn ich nur am 24. Dezember abends
nicht allein gewesen wäre! Die Hälfte der Geschenke
hätten sie haben können, und es waren wahrhaftig
herrliche Geschenke!

Und warum wollte ich gerade an diesem Abend, am
schönsten Abend eines Kinderjahres, nicht allein
und nicht das einzige Kind sein? Ich hatte Angst. Ich
fürchtete mich vor der Bescherung! Ich hatte Furcht
davor und durfte sie nicht zeigen. Es ist kein Wunder,
dass ihr das nicht gleich versteht. Ich habe mir lange überlegt, ob ich darüber sprechen solle oder nicht.

Ich will darüber sprechen! Also muss ich es euch erklären.

Meine Eltern waren, aus Liebe zu mir, aufeinander eifersüchtig. Sie suchten es zu verbergen, und oft gelang es ihnen. Doch am schönsten Tag im Jahr gelang es ihnen nicht. Sie nahmen sich sonst, meinetwegen, so gut zusammen, wie sie konnten, doch am Heiligabend konnten sie es nicht sehr gut. Es ging über ihre Kraft. Ich wusste das alles und musste, uns dreien zuliebe, so tun, als wisse ich's nicht.

Wochenlang, halbe Nächte hindurch, hatte mein Vater im Keller gesessen und, zum Beispiel, einen wundervollen Pferdestall gebaut. Er hatte geschnitzt und genagelt, geleimt und gemalt, Schriften gepinselt, winziges Zaumzeug zugeschnitten und genäht, die Pferdemähnen mit Bändern durchflochten, die Raufen mit Heu gefüllt, und immer noch war ihm, beim Blaken der Petroleumlampe, etwas eingefallen, noch ein Scharnier, noch ein Beschlag, noch ein Haken, noch ein Stallbesen, noch eine Haferkiste, bis er endlich zufrieden schmunzelte und wusste: „Das macht mir keiner nach!"

Ein andermal baute er einen Rollwagen mit Bierfässern, Klappleitern, Rädern mit Naben und Eisenbändern, ein solides Fahrzeug mit Radachsen und auswechselbaren Deichseln, je nachdem, ob ich zwei Pferde oder nur eins einspannen wollte, mit Lederkissen fürs Abladen der Fässer, mit Peitschen und Bremsen am Kutschbock, und auch dieses Spielzeug war ein fehlerloses Meisterstück und Kunstwerk! Es waren Geschenke, bei deren Anblick sogar Prinzen die Hände überm Kopf zusammengeschlagen hätten, aber Prinzen hätte mein Vater sie nicht geschenkt. Wochenlang, halbe Tage hindurch, hatte meine Mutter die Stadt durchstreift und die Geschäfte durchwühlt. Sie kaufte jedes Jahr Geschenke, bis sich deren Versteck, die Kommode, krumm bog. Sie kaufte Rollschuhe, Ankersteinbaukästen, Buntstifte, Farbtuben, Malbücher, Hanteln und Keulen für den Turnverein, einen Faustball für den Hof, Schlittschuhe, musikalische Wunderkreisel, Wanderstiefel, einen Norwegerschlitten, ein Kästchen mit Präzisionszirkeln auf blauem Samt, einen Kaufmannsladen, einen Zauberkasten, Kaleidoskope, Zinnsoldaten, eine kleine Druckerei mit Setzbuchstaben und, von Paul Schurig und den Empfehlungen des Sächsischen Lehrervereins angeleitet, viele, viele gute Kinderbücher. Von Taschentüchern, Strümpfen, Turnhosen, Rodelmützen, Wollhandschuhen, Sweatern, Matrosenblusen, Badehosen, Hemden und ähnlich nützlichen Dingen ganz zu schweigen.

Es war ein Konkurrenzkampf aus Liebe zu mir, und es war ein verbissener Kampf. Es war ein Drama mit drei Personen, und der letzte Akt fand, alljährlich, am Heiligabend statt. Die Hauptrolle spielte ein kleiner Junge. Von seinem Talent aus dem Stegreif hing es ab, ob das Stück eine Komödie oder ein Trauerspiel wurde. Noch heute klopft mir, wenn ich daran denke, das Herz bis in den Hals. Ich saß in der Küche und wartete, dass man mich in die gute Stube riefe,

unter den schimmernden Christbaum, zur Bescherung. Meine Geschenke hatte ich parat: für den Papa
ein Kistchen mit zehn oder gar fünfundzwanzig Zigarren, für die Mama einen Schal, ein selbst gemaltes
Aquarell oder – als ich einmal nur noch fünfundsechzig Pfennige besaß – in einem Karton aus Kühnes
Schnittwarengeschäft, hübsch verpackt, die sieben
Sachen. Die sieben Sachen? Ein Röllchen weißer und
ein Röllchen schwarzer Seide, ein Heft Stecknadeln
und ein Heft Nähnadeln, eine Rolle weißen Zwirn,
eine Rolle schwarzen Zwirn und ein Dutzend mittel-
großer schwarzer Druckknöpfe, siebenerlei Sachen
für fünfundsechzig Pfennige. Das war, fand ich, eine
Rekordleistung! Und ich wäre stolz darauf gewesen,
wenn ich mich nicht so gefürchtet hätte.
Ich stand also am Küchenfenster und blickte in die
Fenster gegenüber. Hier und dort zündete man schon
die Kerzen an. Der Schnee auf der Straße glänzte im
Laternenlicht. Weihnachtslieder erklangen. Im Ofen
prasselte das Feuer, aber ich fror. Es duftete nach Ro-
sinenstollen, Vanillezucker und Zitronat. Doch mir
war elend zumute. Gleich würde ich lächeln müssen,
statt weinen zu dürfen.
Und dann hörte ich meine Mutter rufen: „Jetzt
kannst du kommen!"
Ich ergriff die hübsch eingewickelten Geschenke für
die beiden und trat in den Flur. Die Zimmertür stand
offen. Der Christbaum strahlte. Vater und Mutter
hatten sich links und rechts vom Tisch postiert, jeder neben seine Gaben, als sei das Zimmer samt dem

Fest halbiert. „O", sagte ich, „wie schön!", und meinte beide Hälften. Ich hielt mich noch in der Nähe der Tür, sodass mein Versuch, glücklich zu lächeln, unmissverständlich beiden galt. Der Papa, mit der erloschenen Zigarre im Munde, beschmunzelte den firnisblanken Pferdestall. Die Mama blickte triumphierend auf das Gabengebirge zu ihrer Rechten. Wir lächelten zu dritt und überlächelten unsre dreifache Unruhe. Doch ich konnte nicht an der Tür stehen bleiben!

Zögernd ging ich auf den herrlichen Tisch zu, auf den halbierten Tisch, und mit jedem Schritt wuchsen meine Verantwortung, meine Angst und der Wille, die nächste Viertelstunde zu retten. Ach, wenn ich allein gewesen wäre, allein mit den Geschenken und dem himmlischen Gefühl, doppelt und aus zweifacher Liebe beschenkt zu werden! Wie selig wär ich gewesen, und was für ein glückliches Kind! Doch ich musste meine Rolle spielen, damit das Weihnachtsstück gut ausgehe. Ich war ein Diplomat, erwachsener als meine Eltern, und hatte dafür Sorge zu tragen, dass unsre feierliche Dreierkonferenz unterm Christbaum ohne Missklang verlief. Ich war, schon mit fünf und sechs Jahren und später erst recht, der Zeremonienmeister des Heiligen Abends und entledigte mich der schweren Aufgabe mit großem Geschick. Und mit zitterndem Herzen.

Ich stand am Tisch und freute mich im Pendelverkehr. Ich freute mich rechts, zur Freude meiner Mutter. Ich freute mich an der linken Tischhälfte über den Pfer-

destall im Allgemeinen. Dann freute ich mich wieder rechts, diesmal über den Rodelschlitten, und dann wieder links, besonders über das Lederzeug. Und noch einmal rechts, und noch einmal links, und nirgends zu lange, und nirgends zu flüchtig. Ich freute mich ehrlich und musste meine Freude zerlegen und zerlügen. Ich gab beiden je einen Kuss auf die Backe. Meiner Mutter zuerst. Ich verteilte meine Geschenke und begann mit den Zigarren. So konnte ich, während der Papa das Kistchen mit seinem Taschenmesser öffnete und die Zigarren beschnupperte, bei ihr ein wenig länger stehen bleiben als bei ihm. Sie bewunderte ihr Geschenk, und ich drückte sie heimlich an mich, so heimlich, als sei es eine Sünde. Hatte er es trotzdem bemerkte? Machte es ihn traurig? Nebenan, bei Grüttners, sangen sie: „O du fröhliche, o du selige gnadenbringende Weihnachtszeit!" Mein Vater holte ein Portemonnaie aus der Tasche, das er im Keller zugeschnitten und genäht hatte, hielt es meiner Mutter hin und sagte: „Das hätt ich ja beinahe vergessen!" Sie zeigte auf ihre Tischhälfte, wo für ihn Socken, warme lange Unterhosen und ein Schlips lagen. Manchmal fiel ihnen, erst wenn wir bei Würstchen und Kartoffelsalat saßen, ein, dass sie vergessen hatten, einander ihre Geschenke zu geben. Und meine Mutter meinte: „Das hat ja Zeit bis nach dem Essen."
Anschließend gingen wir zu Onkel Franz. Es gab Kaffee und Stollen. Dora zeigte mir ihre Geschenke. Tante Lina klagte ein bisschen über ihre Aderbeine.

Der Onkel griff nach einer Havannakiste, hielt sie meinem Vater unter die Nase und sagte: „Da, Emil! Nun rauch mal 'ne anständige Zigarre!" – Der Papa erklärte, leicht gekränkt: „Ich hab selber welche! – Onkel Franz meinte ärgerlich: „Nun nimm schon eine! So was kriegst du nicht alle Tage!" Und mein Vater sagte: „Ich bin so frei."

Frieda, die Wirtschafterin und treue Seele, schleppte Stollen, Pfefferkuchen, Rheinwein oder, wenn der Winter kalt geraten war, dampfenden Punsch herbei und setzte sich mit an den Tisch. Dora und ich versuchten uns auf dem Klavier an Weihnachtsliedern, der „Petersburger Schlittenfahrt" und dem „Schlittschuhwalzer". Und Onkel Franz begann meine Mutter zu hänseln, indem er aus der Kaninchenhändlerzeit erzählte. Er machte uns vor, wie die Schwester damals ihre Brüder verklatscht hätte. Meine Mutter wehrte sich, so gut sie konnte. Aber gegen Onkel Franz und seine Stimme war kein Kraut gewachsen. „Eine alte Klatschbase warst du!", rief er laut, und zu meinem Vater sagte er übermütig: „Emil, deine Frau war schon als Kind zu fein für uns!" Mein Vater blinzelte stillvergnügt über den Brillenrand, trank einen Schluck Wein, wischte sich den Schnurrbart und genoss es von ganzem Herzen, dass meine Mutter endlich einmal nicht das letzte Wort haben sollte. Das war für ihn das schönste Weihnachtsgeschenk! Sie hatte vom Weintrinken rote Bäckchen bekommen. „Ihr wart ganz gemeine, niederträchtige und faule Lausejungen!", rief sie giftig. Onkel Franz freute sich, dass sie sich ärgerte. „Na und, Frau Gräfin?", gab er zur Antwort. „Aus uns ist trotzdem was geworden!" Und er lachte, dass die Christbaumkugeln schepperten.

Erich Kästner
(geb. 1899 in Dresden – gest. 1974 in München)
Erich Kästner war nicht nur der Autor so berühmter Kinderbücher wie „Emil und die Detektive" oder „Das fliegende Klassenzimmer", er verfasste auch avancierte Gegenwartsromane wie „Fabian" und war einer der großartigsten satirischen Dichter deutscher Zunge im 20. Jahrhundert.

Weihnachten in der Ferne

EIN WINTERABEND

Wenn der Schnee ans Fenster fällt,
Lang die Abendglocke läutet,
Vielen ist der Tisch bereitet
Und das Haus ist wohlbestellt.

Mancher auf der Wanderschaft
Kommt ans Tor auf dunklen Pfaden.
Golden blüht der Baum der Gnaden
Aus der Erde kühlem Saft.

Wanderer tritt still herein;
Schmerz versteinerte die Schwelle.
Da erglänzt in reiner Helle
Auf dem Tische Brot und Wein.

Georg Trakl
(geb. 1887 in Salzburg – gest. 1914 in Krakau)
Schon während seiner Ausbildung zum Apotheker wurden die
ersten Theaterstücke Georg Trakls aufgeführt – mit sehr mäßi-
gem Erfolg. Der bedeutende expressionistische Dichter starb im
Ersten Weltkrieg an einer Überdosis Kokain.

IST ES WIRKLICH WEIHNACHTABEND?

2. Dezember. Tage und Tage schon steht ein milchweißer Nebel über der Stadt und dem See, – eine reiche Schneesamtdecke überkleidet Wiesen und Wein-
berge. Dazu ein milchweißer Himmel, lautlose Stille,
balsamduftende Frische. Kein Sonnenstrahl, kein
Wind. Alles ganz wie in meinem Kopfe jetzt. Da ist's
auch nebelig und still. Ein gedämpftes Zuwarten.
Aber wenn nicht die Sonne irgendwo dahinersteck-
te, so wäre ja der Nebel grau und schwarz wie bei uns
in Hamburg! Nein, nein! Wohl kommen Stunden,
wo ich mich erschrocken umsehe und frage: Wo ist
meine große Freude geblieben? Aber dann, auf einmal, ein interessantes Wort im Kolleg, ein weiterer
Gedanke, der mir ein großes dunkles Feld mit flüch-
tigem Blitzlicht erhellt, und ich erkenne alles, wie es
ist. Meine schöne Freude ist nicht vergangen, sie hat
sich nur in viele, viele Perlen zerteilt, wie das Queck-
silber, wenn man's ausgießt. Und die Perlchen ver-
schlüpfen, verkriechen sich wohl in das einförmige
weiße Gewebe des Tages ...
20. Dezember. Jetzt kommen Weihnachtsferien,
morgen ist zum letzten Mal Vorlesung, viele sind
schon verreist. Es ist eigentümlich – ich stehe ganz so
isoliert hier, wie ich immer in der Schule stand: Niemand spricht mit mir, und ich spreche mit niemand.
Ich bin scheu, ich geniere mich, ich weiß ja nicht, ob
es jemand gern sähe, wenn ich ihn anredete. Aber

die Einsamkeit drückt mich zuweilen, und wenn ich es wagte, bäte ich wohl einmal jemand um Rat bei meinen Studien. Wenn ich es wagte! Nein, sie sehen alle so sicher und sorglos aus – es geht nicht. Und die einzige Studentin, die mit mir hört, ist so eilig immer und grüßt nie, nicht einmal dazu nimmt sie sich Zeit. Das wäre doch Sünde, die noch zu stören.

Weihnachtsabend. Ist es wirklich Weihnachtsabend? Kein Zeichen sagt es mir, außer dem dunklen Tannenkranz, den ich eben um dein geliebtes Bild gewunden habe, meine Mutter!

Es ist im Hause wie alle Tage. In der Küche rasselt meine Wirtin mit Kesseln und Deckeln; heute Morgen hat sie mir ihr Herz ausgeschüttet. Ihr Mann hat sich vor zwei Jahren das Leben genommen, und zwar, wie sie sagt, um sie zu ärgern, denn die Versicherungsgesellschaft hat ihr nichts ausbezahlt, da der Mann durch Selbstmord geendet. Nun hat sie einen Prozess und möchte von mir Rat wissen. Es war ein sonderbares Weihnachtsgespräch; so entsetzlich abstoßend erschien mir diese Frau, die kinderlos und nicht ganz arm, mit funkelnden Augen, die lebendig gewordene Habsucht, von dem „schönen Gelde" und dem „schlechten Manne" sprach, der sich erhängt hatte, damit sie nichts bekomme. „Sie sagen noch, ich hätt ihn dazu getrieben, ich hätt ihn nicht gut behandelt", krächzte sie, und ihr eigentlich hübsches Gesicht wurde zur Grimasse. Ich wollte, sie hätte mir das nicht erzählt; sie ist mir ganz zuwider geworden, ich möchte so bald wie möglich ausziehn. – Und nun sitze ich und lese im römischen Recht und lese vom

Erbrecht! Man kann es ja wohl bewundern, diese
Subtilitäten alle, diese feinsten Ausgestaltungen des
Eigentumsbegriffes, aber sich dafür begeistern, es
schön und wünschenswert finden als die Grundlage
der menschlichen Beziehungen untereinander – nein,
das scheint mir unmöglich! Überall zwischen den
Blättern sehe ich habsüchtig, eigensüchtig funkeln-
de Augen, und Finger, zum Behalten, zum Greifen
gekrümmt, strecken sich daraus hervor. Jeder Buch-
stabe krümmt sich zur Kralle. Ich mag nicht mehr!
Heut Abend nicht. Ich muss das Buch zuklappen und
meine Gedanken wandern lassen – es sind ja Ferien
jetzt! Das Fest der Liebe! Ach, wo ist die Liebe?
„Jeder für sich! Jeder für sich! Jeder für sich!", so
hämmert's mir im Kopf. Jeder für sich! O die traurige Welt! Das ist sie ja, die Welt von heute, die Welt
des Egoismus, die Welt der achselzuckenden verbre-
cherischen Gleichgültigkeit, die Welt der gähnenden
Langeweile einerseits, die Welt der Hirn und Blut
verspritzenden Frohn auf der andern Seite! Die Welt,
wie jene sie gemacht haben, die bis jetzt regierten
durch Benutzung der rohesten tierischen Triebe.
„Jeder für den andern!", das wäre die Welt, wie ich
sie wünschte! Das schöne, heitere, enthusiastische
Dasein, wie ich es für eine zukünftige glücklichere
Menschheit träume!
Es ist so hässlich, für sich selbst zu sorgen, sein Recht
verlangen, für sich selber kämpfen, alle verliehenen
und ausgebildeten Kräfte für sich selbst verwenden, –
so abstoßend und so langweilig! Es ist so schön, alles
das für andre einzusetzen, es ist so begeisternd, es

leiht Riesenkräfte. Und gewiss, ich fühle es tief hier innen: Es ist der einzige Weg zum Glück.

25. Dezember. Ein Brief von Mama, aber vom Fest steht wenig darin. Sie schreibt, ich würde hoffentlich das Glück finden auf meinem selbst gewählten rauen Wege. „Es gibt Menschen", sagt sie, „die dort grade ein Vergnügen finden, wo die gesunden und nicht verschrobenen Leute, wie zum Beispiel ich, nur unnütze Erschwerungen und Unannehmlichkeiten sehn." Dann wünscht sie mir „ein frohes Fest" und schickt mir ein schwarzes Spitzentuch. „Dein Papa ist in einer Bärenlaune, und wir haben auf nicht gerade angenehme Feiertage zu hoffen." Arme Mama! Ich weiß ja nur zu gut, wie es sein wird. Ein Weihnachtsbaum bis zur Decke und darunter gelangweilte oder gleichgültige oder übellaunige Gesichter, eine Menge Kuchen, Vormittagsvisite mit Portwein, Gäste zu Mittag, Mockturtelsuppe, Gans und Karpfen, viel Rotwein, Toaste auf alle Familienglieder – auf die „holden" Damen –, sattes Herumsitzen in den Schaukelstühlen und Sofaecken und nie ein Wort, ein gutes, frohes Wort, ein warmes, inniges Wort, das man inwendig weiter spürte!

Ist es nicht traurig, dass es so wenig warme Plätze gibt in der Welt, und dass es die meisten von uns beständig in der Seele friert oder doch fröstelt? Die Familie sollte solch eine warme Stelle sein, aber das ist nicht mehr. Es ist nur noch ein Ort, wo die Menschen zusammenkommen, um zu essen und zu schlafen. Ihre Gedanken sind meilenfern voneinander; sie leben sich nicht zur Freude, nur zur Last. Der Herd

ist zerschlagen, ist entweiht. Ich bin gegangen, und
ich bin dessen froh, alle Tage. Die Konvention, die
Schablone, die Heuchelei hätte mich dort erstickt.
Aber so schön glänzt das alles auf den alten Bildern,
dass er uns noch ergötzt, wenn auch nicht mehr er-
wärmt, der ferne fremde Feuerschein!
27. Dezember. Nun hab' ich meinen Weihnachtstag doch noch gehabt. Ich war oben im Walde im
tiefen Schnee. Ach, wie das herrlich war! Geheim-
nisvoll und dämmerig am helllichten Tage. An den
hohen Fichten, die wie eisgraue feierliche Wächter
am Rande stehn, waren die Reifverbrämungen von
Ast zu Ast zusammengeschmolzen und hingen nun
so in großen, schweren, unbewegten Massen, ernst,
schweigend, nicht das kleinste Lüftchen rührte daran. Scharf abgezirkelt, wie ein bleicher Vollmond
stand eine weißliche Sonne am weißen Himmel,
eine große blanke, strahlenlose Scheibe, in die man
furchtlos die Augen versenken konnte. Ich stand am
Waldrand und sah das schöne Limmatthal im weißen Nebel verdämmern, Melancholie und Träumerei
beherrschten die versteinte Welt. Unsichtbare Vögel,
unsichtbar in den dicht verschneiten Zweigen gaben
schwache, träumerische, verhaltene Laute von sich.
Wie starre Korallen standen die niederen Gesträuche
am Bergeshang, und plötzlich war mir, ich gehe auf
dem Grunde des Meeres und sehe sie dort wachsen,
abenteuerlich und vielgestaltig, die Korallen.
Ich ging und ging und dachte: ja, wie auf dem Grunde des Meeres; so abgetrennt und verschollen, allein,
kaum noch lebend! Wie lange hab' ich mit niemand

gesprochen. Meine eigne Stimme ist mir fremd geworden. Der Nebel um mich stieg langsam höher und höher, schon verhüllte er den Weg, den ich eben gegangen. Aber nun ward das Gefühl der Einsamkeit köstlich, trotz eines leichten Grauens. Ich spürte heftiges Herzschlagen, und es zog mich wie mit Armen immer tiefer in den Wald, über den der Nebel ganz heraufrückte, als gelte es, das Geheimnis zu verhüllen, das zwischen den lautlosen Bäumen lagerte. Eine Offenbarung wollte mir werden, ich fühlte es.

Ich blickte zur Sonne hin, ich suchte sie zwischen dem weißverwirrten Astwerk, da – plötzlich glühte sie auf wie eine Rose, der weiße Nebeldunst färbte sich warm, aus der Rose sprühten zuckende Funken, Flammen schlugen über den Himmel hin, lohten und stiegen empor, verklärt und verklärend, – eine unbeschreibliche Glückseligkeit durchdrang mich – Worte umklangen mich, – kühne, unbegreifliche, und so wie aus weiter Ferne, aber mit hellem, hinreißenden Ton, – Worte, die ich nun wieder suchen muss, mein ganzes ferneres Leben lang!

„Ein neuer Morgen für die Menschheit" – „ein neuer Morgen für die Menschheit" – o, wer dürfte diese Worte vollenden, ohne zu zittern, – o, wessen Lippen sind rein genug, sie ohne Zagen auszusprechen!

Ilse Frapan
(geb. 1849 in Hamburg – gest. 1908 in Genf)
Die ausgebildete Lehrerin ist besonders wegen ihrer „Hamburger Novellen" bekannt. Unser Text ist ihrem Roman „Wir Frauen haben kein Vaterland" entnommen.

PARISER WEIHNACHTEN

Der „Père Noël" wird merkwürdigerweise immer populärer – so ist das früher nicht gewesen. Denn früher war es der Neujahrstag, der „Jour de l'An", an dem man sich Geschenke machte. Wohl fanden am ersten Weihnachtstag die französischen Kinder Geschenke in ihren Schuhen, die sie am Kamin aufgebaut hatten – aber der Tannenbaum war natürlich nicht da, die Weihnachtskerzen auch nicht, und überhaupt nichts von dem, was seinerzeit auf deutscher Seite den großen Krieg mit beenden half: Weihnachten zu Hause zu feiern. (Doktorarbeit: „Das deutsche Familiengefühl in der Weltgeschichte") Das also hat es alles in Frankreich früher nicht gegeben - aber jetzt ist da langsam eine Wandlung eingetreten. Die großen Warenhäuser veranstalten Weihnachtsausstellungen, deren Schaufenster schon auf den Straßen umlagert sind; Barrieren sind errichtet, Schutzleute regeln den Verkehr, und die Kinder bekommen Blitzaugen, in denen sich Geblendetheit, Habsucht und Zauberstimmung gar anmutig mischen. Es ist wohl der englischamerikanische Einfluss, der Paris so wandelt; langsam geht diese Wandlung vor sich, sachte, Schritt vor Schritt, unerbittlich. Es gibt französische Nachahmungen des englischen Christmas-Puddings, vor denen uns Gott behüten möge, und die Sitte, Weihnachten anders zu begehen als früher, nimmt zu. Da stehen schon Tannenbäume auf den Straßen, haupt-

sächlich im Fremdenviertel, also um die Madeleine
herum – das Warenhaus am Louvre hat sich eine sehr
gute Lichtreklame ausgedacht: An seiner Fassade am
Palais Royal, in dem das „Institut pour la Coopéra-
tion Intellectuelle" wohnt, steigen ununterbrochen
Raketen auf und zerplatzen in bunter Lichterfülle –
eine Sache, die sehr viel Geld gekostet haben muss.
Aber es kommt wieder herein. Die Warenhäuser sind
voll; die mäßig bezahlten Angestellten haben zu tun,
dass ihnen der Kopf schwirrt, und obgleich die In-
flationsfremden abgewandert sind, gehen diese Art
Geschäfte – im Gegensatz zu fast allen anderen, die
recht still sind – gut, sogar sehr gut.
Die Restaurants rüsten zum „Réveillon". Das ist das
traditionelle Festessen in der Silvesternacht. Zu Silvester liegen die Boulevards fast leer; alle Welt ist zu
Hause oder in den Restaurants, wo das Essen besonders teuer und besonders mäßig ist. Da es kein fran-
zösisches Wort für „gemütlich" gibt, so fehlt auch
der Begriff – und es ist immer wieder merkwürdig
zu beobachten, wie sich um einen Tisch jene unde-
finierbare Atmosphäre herstellt, „où on s'installe",
jeder Tisch eine kleine Heimat. „Réveillon" ist eine
Sache, die ganz Paris für ein paar Stunden verändert –
am 1. Januar sinkt es wieder in seine Gewohnheiten
zurück; in die bewegte Stille seiner Quartiers, die
kleine abgeteilte Städte sind – alles wird wieder so,
als wäre nichts gewesen.
Doch, etwas war. Im ganzen Monat Dezember klin-
gelt ein Mann nach dem anderen an der Wohnungs-
tür, Köpfe von Frauen tauchen auf, Leute, die man

das ganze Jahr über nicht zu Gesicht bekommt, sind plötzlich da. Sie bitten um die „étrennes", um das Weihnachtsgeld, um das Neujahrsgeld, wie man will. Der Briefträger. Die Zeitungsfrau. Die Bäckerjungen. Der Mann von der Müllabfuhr. Der Telegrafenbote. Der Drucksachen-Briefträger. Der eingeschriebene Briefträger. Der Postminister war merkwürdigerweise nicht da ... Wohl aber: seine Majestät, der Herr Hausmeister. Der Concierge. Frankreich ist ein freies Land, sagen die Leute. Das mag, für viele Gebiete, richtig sein. Dass sich aber eine Stadt wie Paris Tyrannei dieser Hausmeister gefallen lässt, ist etwas, das ich – auch nach jahrelangem Aufenthalt in dieser schönen Stadt – niemals begriffen habe. Er bittet nicht um die „étrennes" – er verlangt sie, traulich, auf die unsichtbare Pistole gelehnt, die jeder Mieter kennt. Denn jeder Pariser Hausmeister ist ein Beobachter deines privaten Lebens. Er weiß alles. Durch ihn gehen alle Briefe. Er fängt deine Besuche ab. Er kann dich so maßlos schikanieren, dass es besser ist, du ziehst aus, als einen vergeblichen Krieg zu führen, den du unweigerlich verlierst. Und von seinen Beziehungen zur Polizei will ich gar nicht sprechen. Doch, ich will davon sprechen. Eine mir befreundete Engländerin fand in ihrem „dossier", in ihrem Aktenstück, das über alle Fremden und über alle wichtigen Franzosen auf der Polizei geführt wird, diese kleine Eintragung: „Empfängt viele Leute von Welt, schläft aber nur mit einem dekorierten Herrn ..." es folgte der Name. Für jeden Kenner war klar, woher diese Angabe stammte. Vom Hausmeister. Aus Glas sind deine Wände, dein Privatleben ist keines, er bringt es an den Tag. Hüte dich! Und gib ihm – und vor allem ihr – reichlich zu Weihnachten, zu Silvester und zu Neujahr. Es ist dein Vorteil; man kann nie wissen; hörst du die Butter auf deinem Kopf schmelzen?

Um all das kümmert sich die französische Provinz so gar nicht – wie ja überhaupt die französische Provinz von Paris himmelweit verschieden ist. Einer der bedeutendsten französischen Literaturkritiker, Thibaudet, hat neulich einmal gesagt: „In Paris wird das Geld ausgegeben. In der Provinz wird es verdient." Ah, es wird nicht nur verdient: Es wird Billet auf Billet gelegt, Geiz ist das Nationallaster, und hier sehen die Leute nie nach dem aus, was sie wert sind. Man möchte ihnen häufig einen Groschen schenken. Aber sie, sie könnten dir etwas schenken. Sie tun es übrigens nicht.

Nun kommt Weihnachten; mit einer kühnen Sprachwendung sagt man: „Nous allons réveilloner!", und wer klug ist, kocht sich seins zu Hause. Wir wollen einen mild-spritzigen Vouvray trinken, einen Wein, den sie nicht exportieren, und in dem ganz Frankreich ist: milde Süße, Sonne und die Ausgeglichenheit einer fröhlichen Welt.

Kurt Tucholsky
(geb. 1890 in Berlin – gest. 1935 in Göteborg)
Der Journalist, Schriftsteller und Dichter war u. a. Mitarbeiter der Zeitschrift „Weltbühne". Ab 1924 lebte er als Korrespondent in Paris.

CHRISTFEST
IN LONDON

London, 24. Dezember 1857. Ich sah heute in den Straßen Londons einen prächtigen Ginsterbusch, nicht
als kriegerisches Wahrzeichen wie vordem, sondern
als friedlichen Weihnachtsbaum, als schlichteren Er-
satz für die schlichte Tanne. Es war in Tottenham
Court Road, und es begann schon zu dunkeln. Groß
und Klein eilte nach Haus, um zu rechter Stunde an
rechter Stelle zu sein; alles war Leben, Bewegung,
Freude. Unter denen, die ihrer Wohnung zuschrit-
ten, war auch ein Arbeiter, ein Mann in der Mitte
der Dreißiger, blass, rußig, ermüdet. Neben ihm ging
sein ältestes Kind, ein Knabe von sechs bis sieben
Jahren; er schleppte sich mühsam weiter. Das jüngste
Kind war auf der linken Schulter des Vaters eingeschlafen, während er auf der rechten einen mächti-
gen Ginsterbusch als Weihnachtsbaum nach Hause
trug. Der Ginsterbusch *blühte*. Man sieht viel Elend
in den Straßen Londons, aber selten eines, in dessen
Öde sich zartere Züge mischen, und so blieb ich stehen und sah dem müden und matten Zuge nach. Es
war ersichtlich, die Mutter war tot, und dem Vater
war die Aufgabe zugefallen, den beiden Kindern ihr
Christfest zu bereiten. So war er denn hinausgegan-
gen nach Hampstead Heath, um auf der weiten
winterlichen Heide den Weihnachtsbaum zu finden,
den er zu arm war an der nächsten Straßenecke zu
kaufen. Die Kinder hatten ihn begleiten müssen, weil

niemand im Hause war, der sich ihrer angenommen hätte. Jetzt kamen sie von ihrem Gange zurück, der Älteste müde, der Jüngste eingeschlafen. Was mochte sie daheim empfangen? Welcher Weihnachtsfreude gingen sie entgegen? Ich malte mir das Zimmer des armen Mannes aus: Der Ginsterbusch stand auf dem Tisch, und ein ärmliches Feuer brannte im Kamin; nichts Festliches sonst umher als das Herz seiner Bewohner. Im Widerschein des Feuers aber sah ich die gelben Ginsterblumen wie Weihnachtslichter leuchten, und ihr Blühen war wie die Verheißung eines Frühlings nach Erdenleid und Winterzeit.

Theodor Fontane

CHRISTNACHT IN ROM

Den 6. Januar.

Dass ich auch einmal wieder von kirchlichen Dingen rede, so will ich erzählen, dass wir die Christnacht herumschwärmten und die Kirchen besuchten, wo Funktionen gehalten werden. Eine besonders ist sehr besucht, deren Orgel und Musik überhaupt so eingerichtet ist, dass zu einer Pastoralmusik nichts an Klängen abgeht, weder die Schalmeien der Hirten noch das Zwitschern der Vögel, noch das Blöken der Schafe.

Am ersten Christfeste sah ich den Papst und die ganze Klerisei in der Peterskirche, da er zum Teil vor dem Thron, zum Teil vom Thron herab das Hochamt hielt. Es ist ein einziges Schauspiel in seiner Art, prächtig und würdig genug, ich bin aber im protestantischen Diogenismus so alt geworden, dass mir diese Herrlichkeit mehr nimmt als gibt; ich möchte auch wie mein frommer Vorfahre zu diesen geistlichen Weltüberwindern sagen: „Verdeckt mir doch nicht die Sonne höherer Kunst und reiner Menschheit."

Heute, am Dreikönigsfeste, habe ich die Messe nach griechischem Ritus vortragen sehen und hören. Die Zeremonien scheinen mir stattlicher, strenger, nachdenklicher und doch populärer als die lateinischen. Auch da hab' ich wieder gefühlt, dass ich für alles zu alt bin, nur fürs Wahre nicht. Ihre Zeremonien und Opern, ihre Umgänge und Ballette, es fließt alles wie

Wasser von einem Wachstuchmantel an mir herunter. Eine Wirkung der Natur hingegen wie der Sonnenuntergang, von Villa Madama gesehen, ein Werk der Kunst wie die viel verehrte Juno machen tiefen und bleibenden Eindruck.

Nun graut mir schon vor dem Theaterwesen. Die nächste Woche werden sieben Bühnen eröffnet. Anfossi ist selbst hier und gibt „Alexander in Indien"; auch wird ein „Cyrus" gegeben und die „Eroberung von Troja" als Ballett. Das wäre was für die Kinder.

Johann Wolfgang von Goethe

BRIEF VON DAHEIM

Weimar, den 25. Dezember 1788

Nun, lieber Engel, haben wir gestern Abend den H. Christ das erste Mal ohne Dich gefeiert – u. da wars denn freilich als fehlte Geist u. Seele. Ich rüstete alles mit beklommenem Herzen, u. da der Baum brannte u. die ganze Szene mit ziemlich stummer Freude vorüberging, konnte ich mich auch nicht länger halten u. weinte mich recht satt aus. Dein u. Alfreds Andenken durfte ich mir durch kein äußerliches Zeichen lebhaft machen; ich weiß, was ich in diesen Tagen in mir getragen habe, u. noch liegt's wie ein schwerer Stein in mir. Aber Gott hilft mir tragen.

Die Kinder werden Dir schreiben, was beschert worden ist. Wilhelm war am fröhlichsten wegen seinem Farbenkasten. Er bescherte mir zwei Zeichnungen. Ein Genius mit einer Schale voll Rosen u. Früchten; u. ein Priester, der eben Weihrauch auf dem Altar opfert. Gottfried legte in das Schatzkästchen, das immer auf meinem Arbeitstischchen liegt, den *Hirschdukaten*, als ein Scherflein zum Heil. Christ, weil ich etwas unwillig war, dass er mir höher gekommen ist, als ich mir's vorgesetzt hatte, ich nahm aber den Dukaten nicht, wie Du leicht denken kannst. Sein Gemüt ist so zart u. weich; Gott erhalte es ihm. Luischen wird Dir im nächsten Br. schreiben; sie hat zu viel Pfefferkuchen gegessen u. den Magen verdorben, ich lasse sie daher heute nicht schreiben. Da alles weggeräumt war, setzten wir uns um den Tisch, ein jedes nahm

sein beschertes Buch, u. nun wurde gelesen. Adelbert
übersetzte einen Vers aus dem Griechischen Testa-
ment u. las hernach mit Luischen u. Emil in der Bibl.
Historie; er wählte Elias Himmelfahrt, Luischen die
Geschichte Samuel, wie ihn der Herr im Tempel gerufen hatte, u. Emil wollte das lesen: wie die israel.
Kinder durchs Meer gegangen sind u. Mose ins Meer
mit dem Stock geschlagen hat. Die zwei ersten wurden gelesen; Emil war voll Feuer, die seinige auch zu
lesen, u. es ging bis zur Hälfte ziemlich, da ihm die
Mutter die schweren u. zweisilbigen Worte vorsag-
te; die einsilbigen gehen gut. August übersetzte eine
griechische Fabel: vom Fuchs, als er den Löwen zum
ersten Mal sah. pp

Caroline Herder
(geb. 1750 in Reichenweier – gest. 1809 in Weimar)
Als ihr Mann Johann Gottfried Herder in den Jahren 1788/89
auf Reisen in Italien war, versorgte Caroline ihn brieflich mit
den neuesten Ereignissen aus Weimar. Hier ein Auszug.

GALETTE AN HEILIGABEND

d. 24 Dezbr. [1843 in Paris]
Heute ist Weihnachtsabend, heute Morgen wusste
ich es noch nicht, erst als mein Wäscher kam und von
den vielen Geschenken sprach, die an diesem Tage
in „Allemagne", wo der Mann mit Napoleon gewesen ist, gemacht würden, erfuhr ich's. Da habe ich
denn ordentlich zu Mittag gegessen und mir abends
im Palais Royal einen Goethe zu 30 fl. gekauft. Ob
ich recht getan? Ich denke. Haben muss ich durchaus mehr Bücher und hier besonders, wo mir aller
Umgang fehlt, auch habe ich meine eigentliche Kasse
nicht angegriffen, sondern das für den Prolog zum
Diamant eingelaufene Honorar dazu verwendet. Als
ich mit meinem Schatz, der ziemlich schwer zu tragen war, und den ich mir doch nicht zuschicken lassen wollte, weil ich ihn dann erst morgen erhalten
hätte, zu Hause kam, fand ich zwei Briefe vor, einen
längst erwarteten, überaus liebevollen von dem alten herrlichen Oehlenschläger, der mich über vieles
beruhigt, und einen zweiten von Elise, den ich erst
beim Zubettgehen lesen will. Gott gebe ihr den Frieden, dessen ihre arme Seele bedarf!

Abends 11 ½ Uhr.
Bis 10 Uhr war ich im Café de Paris mit Bamberg,
dann ging ich zu Hause, kaufte mir aber zuvor, da
ich den Weihnachtsabend doch auszeichnen musste,

für 3 Sous Galette, eine Art von Blätter-Backwerk, das (ich schreibe dies deinetwegen nieder, teure Elise) ungefähr so schmeckt wie ein gut bereiteter deutscher Pfannkuchen, und das ich ganz in der Nähe meines Hauses, eher heiß als warm, bekomme, in einer Butike, deren Treiben lustig anzusehen ist; zwei Mädchen sind immerwährend vom frühen Morgen bis nach Mitternacht mit dem Vorschneiden der Galetten beschäftigt, die Kunden bilden förmlich Queues vor der Bude, wie vor den Theatern, und es sind nicht etwa bloß Gamins, sondern höchst anständige Damen und Herren, hinten ist die Backstube, wo das Feuer nie ausgeht, wo eine Menge Gesellen beständig für neuen Vorrat sorgen und, sobald eins der Mädchen mit ihrem Messer auf den Tisch klopft, rasch einen dampfenden Kuchen herbeitragen. Nun verfügte ich mich mit meinem Abendessen auf mein Zimmer, nahm Elisens Brief aus meiner Brusttasche hervor, küsste ihn noch einmal, erbrach ihn und fing an zu lesen, während ich aß. Der Brief machte einen wohltuenden und beruhigenden Eindruck auf mich, er war in einer ungleich gefassteren Stimmung geschrieben wie der zuletzt empfangene, und es tröstete mich besonders, dass er zum größten Teil schon vor Eingang des meinigen abgefasst, also nicht als eine vielleicht erzwungene Wirkung des letzteren zu betrachten war.

Friedrich Hebbel
(geboren 1813 in Wesselburen – gest. 1863 in Wien)
Ein Stipendium erlaubte dem armen Dichter 1843/44 einen Aufenthalt in Paris. Aus dieser Zeit stammen die Notizen.

ICH KÜSSE DICH IN EILE

Berlin, 20. Dezember 1823

Lieber Arnim,

soeben erhalte ich Deinen Brief vom 19. Du wirst hoffentlich den meinigen, worin ich die Wirtschafterin Dir angemeldet habe, jetzt erhalten haben, so wie Du's meinst, dass man unter Bedingungen einer Zeit mieten kann, daran ist in Berlin nicht zu denken, eine gute ist den Augenblick engagiert; für die Ehrlichkeit derjenigen, die ich gemietet habe, will der Regierungsrat Braun von hier sich verbürgen, ihre Scheine sind ausgezeichnet, sie ist stark und gesund, ich habe sie daher fest gemietet, finde Dich also mit der von Birkners ab, wenn Du sie nicht conditionaliter gemietet hast. – Freilich will ich lieber auf Dein Hiersein bei dem Bescheren Verzicht leisten, als dass Du dann gleich fortgehst; komme also lieber am 2., wo die Wirtschafterin gleich mit zurückkann, ich bin überzeugt, sie wird Dir dem Ansehen nach gefallen und besonders, dass sie keinen hohen Lohn fordert, ist mir ein Beweis, dass sie tüchtig ist. Für den Siegmund hab ich zu Weihnachten ein Paar Lachtauben und ein magnetisches Fischchen, für Freimund eine Blasharmonika, die er sich selbst ausgesucht, für Kühnemund Soldatengeschirr, für Friede weiß ich noch nichts Bestimmtes; auch eine Drechselbank hab ich machen lassen, da unser Bedienter, der sich als ein sehr guter Kerl und besonderer Kinderfreund bewährt, das Drechseln versteht, ich hab Tuch zu 20 Gr. für ihn zum Überrock gekauft, für die Kinder hab ich sehr fein, sehr billig für 2 Tlr. 6 Gr. gekauft, also kaufe Du nichts, ein jeder bekommt noch ein halbes Dutzend Schnupftücher, Mütze und Handschuh. Die Rose hab ich zu Siebold geschickt, die wird wahrscheinlich da in der Entbindungsanstalt aufgenommen werden. – Gestern war höchst merkwürdige Gesellschaft bei Savigny. Canitz, Eichhorns, Schleiermachers, Straußens, Fischenich und Baader, der den ehemaligen Eindruck wieder bei mir bewährt hat, denn es wurde mir übel, wie er eine Weile mit mir gesprochen. Canitz hat einen Abscheu vor ihm und Fischenich auch. Adieu, ich küsse Dich in Eile. Wenn Du kömmst, so sei es ja auf längere Zeit.

Bettine

Wiepersdorf, den 22. Dezember 1823

Liebe Bettine!
So bleib ich denn noch einige Tage zum Besten des Landes und sende Dir die Weihnachtsgeschenke, nämlich: 30 Pfund Kalbfleisch, 25 Pfund Hammelfleisch, 18 Pfund Schweinefleisch, 4 Pfund Speck, 4 Würste, 44 Pfund Weizenmehl, 7 Pfund Buchweizengrütze, 56 Pfund Brot in 8 Stücken, 8 Gänse, 2 Puten, 6 Hähne, 1 Fass Sauerkohl, 2 Metzen Mohn, 15 Pfund Butter, 4 Pfund Schmalz, 2 Mandel frische Eier, 1 Fass alte Eier, 1 Hase.

Solltest Du Geld brauchen, so wende Dich an Savigny, ich habe dem zurückgelassen, er kann Dir aus dem Beutel herauszählen und wieder versiegeln.

In Dahme fand ich einen Roman von Walter Scott, *der Abt*, 4 Bände, den ich noch nicht gelesen hatte, und der gerade Geschichten bearbeitet, die ich selbst einmal benutzen wollte. Die Geschichte ist ihrer Natur nach sehr anziehend, manches wiederholend aus seinen früheren Büchern, aber nirgends erkennt sich seine Methode so deutlich, die unwahrscheinlichsten Erfindungen durch das Wahre der Einzelheiten scheinbar glaublich zu machen.

Die Wirtschafterin wird erwartet, und wie Du aus meinem späteren Briefe wirst ersehen haben, ist die Nonndorferin nicht angenommen. Lass den Wagen nicht auf sie warten, sie wird, denke ich, bereit sein.

Dem Gruhl werde ich hier ein Weihnachtsgeschenk kaufen.

Dem Liepe habe ich einen feinen Überrock gekauft, Du kannst ihr etwas mitbringen oder senden, es hat Zeit.

Dem Baader tust Du zu viel, er ist ein heiterer Gesellschafter, wenn er nicht von Jakob Böhme zu sprechen veranlasst wird. Ich muss schließen, der Wagen ist gepackt.

Gib der Ausgeberin einen unserer Fußsäcke mit, ich will meinen alten Mantel für sie mitschicken.

Ich küsse Dich und die Kinder.

A. Arnim

Die schlechten Eier lass zusammenschmeißen in einen Topf, sie sind gut unter Teer.
Buttertöpfe schicke mit, wir haben gar keine mehr.

Bettina und Achim von Arnim

Bettina (geb. 1785 in Frankfurt am Main – gest. 1859 in Berlin) und Achim (geb. 1781 in Berlin – gest. 1831 in Wiepersdorf) von Arnim waren seit 1811 miteinander verheiratet, lebten aber die meiste Zeit voneinander getrennt, sie in Berlin, er auf seinem Gut in Wiepersdorf. Unser weihnachtlicher Briefwechsel zeugt davon.

Quellen

Bondy, Gabriele Ein Weihnachtsgeschenk von Väterchen Frost, © bei der Autorin

Hüsch, Hanns Dieter Die Bescherung, aus: Hanns Dieter Hüsch/Marc Chagall, Das kleine Weihnachtsbuch, S. 20ff, 2015/17, © tvd-Verlag Düsseldorf, 1997

Kaschnitz, Marie Luise Alle Jahre wieder (Auszug), aus: Marie Luise Kaschnitz, Gesammelte Werke in sieben Bänden, Band 4: Die Erzählungen. © Insel Verlag, Frankfurt am Main 1985. Alle Rechte bei und vorbehalten durch Insel Verlag Berlin

Kästner, Erich Ein Kind hat Kummer, aus: Das Schwein beim Friseur, © Atrium Verlag AG, Zürich 1962

Kunze, Reiner Weihnachten. Aus: ders., Die wunderbaren Jahre. © S. Fischer Verlag GmbH, Frankfurt am Main 1976

Mitgutsch, Ali Vom Christkind und den Engeln, © beim Autor, nach Vereinbarung mit Agentur Brauer

Rambeck, Brigitta Die Leoniwurst, © bei der Autorin

Ungerer, Tomi Eine genaue Untersuchung, aus: Tomi Ungerer, Achtung Weihnachten, Copyright © 2010 Diogenes Verlag AG Zürich

Walser, Robert Weihnacht, aus: Robert Walser, Sämtliche Werke in Einzelausgaben. Herausgegeben von Jochen Greven. Band 16: Träumen. Mit freundlicher Genehmigung der Robert-Walser-Stiftung, Bern. © Suhrkamp Verlag Zürich 1978 und 1985